中国农业科学院科技创新工程（10-IAED-08-2024、10-IAED-RC-04-2024）

中国农业科学院基本科研业务费专项院级统筹项目（Y2024ZK02）

Research on Production System for Developing

MODERNIZATION OF AGRICULTURE

and Rural Areas in China

我国农业农村现代化生产体系建设研究

王秀东 ◎ 著

中国财经出版传媒集团

经济科学出版社
Economic Science Press

·北京·

图书在版编目（CIP）数据

我国农业农村现代化生产体系建设研究／王秀东著.
北京：经济科学出版社，2025.3. -- ISBN 978 - 7 - 5218 -
6528 - 8

Ⅰ. F320.1
中国国家版本馆 CIP 数据核字第 2024S4U337 号

责任编辑：初少磊　王珞琪
责任校对：孙　晨
责任印制：范　艳

我国农业农村现代化生产体系建设研究
WOGUO NONGYE NONGCUN XIANDAIHUA SHENGCHAN TIXI JIANSHE YANJIU

王秀东　著

经济科学出版社出版、发行　新华书店经销
社址：北京市海淀区阜成路甲 28 号　邮编：100142
总编部电话：010 - 88191217　发行部电话：010 - 88191522
网址：www. esp. com. cn
电子邮箱：esp@ esp. com. cn
天猫网店：经济科学出版社旗舰店
网址：http：//jjkxcbs. tmall. com
北京联兴盛业印刷股份有限公司印装
710 × 1000　16 开　10. 25 印张　130000 字
2025 年 3 月第 1 版　2025 年 3 月第 1 次印刷
ISBN 978 - 7 - 5218 - 6528 - 8　定价：40. 00 元
（图书出现印装问题，本社负责调换。电话：010 - 88191545）
（版权所有　侵权必究　打击盗版　举报热线：010 - 88191661
QQ：2242791300　营销中心电话：010 - 88191537
电子邮箱：dbts@ esp. com. cn）

前言

　　当前，我国农业生产体系在现代化发展进程中遭遇诸多瓶颈。农业方式相对滞后，中低产田广泛分布，构成农业生产力跃升的阻碍。农机农艺协同发展的短板致使生产效率优化遇阻，先进农机设备与适配农艺技术未能有效对接，难以释放农业生产潜能。良种良法协同创新不足，限制了农产品质量与产量提升空间。关键技术突破艰难，突破性新品种、新技术稀缺，削弱农业核心竞争力与发展韧性。同时，部分农产品出现暂时性或阶段性过剩，对构建现代农业生产体系提出了更高要求。促进农业供给适应市场需求变化与资源环境条件，实现可持续发展，成为农业农村现代化生产体系建设的重要方向。

　　本书的研究目标是，从多种角度全面开展农业农村现代化生产体系建设研究，为政府决策提供科学依据，推动农业农村现代化发展，实现以产业振兴全面推进乡村振兴，助力中国式现代化建设，满足人民对农产品、生态产品和精神文化产品的需求。

　　为了实现研究目标，本书基于循环经济、生态经济、生态农业等一系列核心理论，梳理了种养加一体化相关政策，并评估了现有政策的缺失与不足，构建了农业农村现代化生产研究体系，精研了区域农业发展特征，探索了种养加一体化的创新发展模式，解构了科技创新体系，并开展策略研究，以期为农业农村现代化研究提供方向与规范上的建议，助力精准把握发展方向与政策着力点。

本书的主要贡献在于：第一，全方位、多维度精准剖析农业农村现代化生产体系各环节现状，深度挖掘生产功能（粮食产业面临资源与市场双重挑战、果蔬产业存在质量效益瓶颈）、生态功能（面源污染治理困境、生态价值开发阻碍）、文化功能（传承方式局限、开发创新乏力）关键问题，为精准决策、靶向施策奠定基础，助力政府与从业者明晰发展起点与改进方向。第二，设计多种种养加一体化发展模式，经大量实践案例验证其可行性与卓越成效，为农业经营者提供可复制推广样本。第三，深度剖析农业科技创新需求演变趋势，构建完整的科技创新体系，涵盖创新路径规划与实现模式探索。第四，依据系统研究成果，从法律完善、科技激励、人才培育、规模优化及生态文化功能强化等多方面，为政府提供系统、精准、可操作的政策建议。为政策制定者完善政策体系、科学决策提供依据与较为全面的策略框架，营造良好的农业农村发展政策环境。

本书最后从生产、生态和文化功能等方面提出政策建议。生产功能方面：首先，完善法规强化保障。构建统一执法体系，整合执法职能，强化跨区跨部门协调，刚柔并济提升执法效能，规范市场秩序、保障优质农产品发展环境。其次，科技驱动促进升级。强化产学研合作桥梁，依据市场导向促进成果转化，搭建平台加速技术应用。再次，人才培育夯实根基。广纳社会贤才投身农业，从融资、基建、税收、土地等维度实施扶持政策，厚植农业农村现代化人才优势，激发创新发展活力。最后，规模经营提升效率。完善县乡村三级监管服务架构，充实信息咨询、合同指导、政策解读、价格评估服务，健全流转监管审核机制，确保土地流转规范高效。

生态功能方面：首先，科技赋能治污染。深化农业绿色发展先行区创建，强化新型农业经营主体扶持，聚焦面源污染治理、新型农资研发等关键领域，增加研发投入促进成果产出转化。其次，财政投入补短板。创新生态补偿机制，开拓市场补偿路径，依据"谁受益谁补偿"原则促进生态价值市场实现，激发多元主体保护生态的积极性。再次，业态创新促循环。振兴乡村旅游、休闲农业等新业态，融合一二三产业，以产业兴旺提升农业生态服务价值，打造田园综合体实现生态与经济良性互动。最后，价值拓展优生态。挖掘农业生态、科研、审美等多元价值，发展生态观光农业、农业研学旅游，提升农业综合价值与社会福祉。

文化功能方面：首先，传承保护守根基。持续推进农业文化资源普查，建立数据库夯实保护基础。其次，科技助力促创新。借助现代农业科技挖掘传统农业文化科学智慧，为农业发展注入古老灵感。再次，文旅融合增活力。以文旅融合为契机，培育新业态新模式，树立绿色融合发展观，寻找产业文化联结点，借鉴传统经营智慧，为农业农村一二三产业融合发展积势蓄能。

王秀东

2024 年 12 月

CONTENTS

第 **1** 章

导　论

1.1 研究背景和意义

中国特色社会主义进入新时代，我国社会主要矛盾已经转化为人民日益增长的美好生活需要和不平衡不充分的发展之间的矛盾，农业农村发展也步入新的历史阶段。为补齐农业农村发展的短板，让城乡居民共享经济社会发展成果，党的二十大报告提出，"坚持农业农村优先发展，坚持城乡融合发展，畅通城乡要素流动"，扎实推动乡村产业振兴。构建现代农业产业体系是产业振兴的重要基础，是"谷物基本自给，口粮绝对安全"的重要保障，是促进乡村振兴，也是走中国特色社会主义道路，让农业发展、农民增收、农村优化的重要支撑。2022年12月，习近平在中央农村工作会议上指出，建设农业强国，基本要求是实现农业现代化。2023年9月8日，习近平总书记在黑龙江考察时指出，"要以发展现代化大农业为主攻方向，加快建设现代农业大基地、大企业、大产业，率先实现农业物质装备现代化、科技现代化、经营管理现代化、农业信息化、资源利用可持续化"，为进一步实现数量足、质量好、生态绿、效益高和结构优的农业现代体系建设指明了方向（施郑言，2024）。农业科技现代化是农业现代化的核心，坚持科技创新，向科技要产量、要效益、要竞争力，实现农业科技自立自强，是加快推进农业现代化的重要举措，是实现农业强国的必由之路。农业现代化是建设农业强国的根基，推进农业现代化，要突出抓好现代化农业体系建设。同时，现代化农业产业体系的建设离不开现代化农业生产体系建设和现代化经营体系建设的共同支撑

（闫琰等，2024）。

现代农业生产体系的关键是实现农业供给与市场需求的相互匹配，是资源的高效利用与环境保护的协同推进，是可持续发展的实现。当前，我国农业发展已取得突出成就：一是农产品有效供给和粮食安全保障能力的显著提升，有效满足了人民群众日益增长的消费需要；二是农业基础设施建设取得突破，农业供给保障能力显著提升；三是农业科技引领和支撑能力进一步加强，质量兴农、绿色兴农成为现代农业主旋律；四是农业产业格局呈现新变化，农业数字经济不断发展（刘旭等，2022）。但我国农业生产手段仍显落后，中低产田仍占相当比重，农机农艺融合、良种良法配套不够，突破性的新品种、新技术仍然偏少，资源环境的约束不断加紧（韩长赋，2016），同时，部分农产品出现暂时性或阶段性过剩，这对构建现代农业生产体系提出了更高要求。农业农村优先发展是实现乡村振兴的重大战略部署，是解决"三农"问题的重要途径。当前，我国经济与社会发展速度较快，综合国力和实力不断增强。但现阶段城乡发展不平衡，二元化问题突出，乡村发展仍不充分，农村基础设施建设仍有待完善，农业产业发展依然落后薄弱，这些问题有待解决（王秀东，2022）。

构建现代农业生产体系，需要树立大农业观、大食物观，将生产活动立足于人的全面发展。推动种养结构调整，全方位、多途径开发食物资源，开发丰富多样的食物品种，实现各类食物供求平衡，更好地满足人民群众日益多元化的食物消费需求（闫琰等，2023）。需要实现农林牧渔的共同推进，以丰富农产品供给、提升品种与质量，来满足消费者需求，推动构建合理、高效的农产品供应结构，构建多元化的食品供应体系。需要适应消费升级，优化食品工业品种质量，实施精细化策略，并积极推广农牧结合模式，在肉类、蛋奶、鱼类、果蔬、菌类、茶叶等领域创新，迎合大众需求。依据地区资源禀赋，充分发挥各地区比较优势，结合各地区宜粮、宜经、宜牧、宜渔、宜林的自然资源禀赋，促进主要农产品的生产，引导支柱产业的发展，鼓励特色农产品品牌的建设，推动多元的生产基地完善升级，优化生产布局。充分利用现代化的生产模式与技术水平，促进科技创新，并推动成果应用。从良种、机械、科技、信息等多方面提高农业的综合生产能力和抗风险能力。

在此背景下，全面开展农业农村现代化生产体系建设研究，对于弥补现代农业生产体系构建中存在的诸多短板，实现产业横向拓展和纵向延伸的有机统一，破解农业生产中的资源要素分配与供应效率问题，具有重要的理论和实践意义。研究成果可以为乡村振兴战略在2035年达成"乡村振兴取得决定性进展，农业农村现代化基本实现"[①]的目标任务提供重要的学术理论和政策工具支撑。

1.2 研究目的

我国农业农村生产体系要在快速发展中逐渐摆脱资源环境的制约，着力围绕人民日益增长的美好生活需要发展生产，为社会提供更加丰富的物质、生态和精神产品。在满足人民群众对农产品多样化需求的基础上——确保口粮绝对安全和重要农产品供给，满足人民群众日益

---

① 中共中央 国务院印发《加快建设农业强国规划（2024—2035年）》［EB/OL］. 中国政府网，2025 – 04 – 07.

增长的对生态产品的需求——保障空气清新、水质纯净和田园宁静的生态条件，满足人民群众对丰富精神文化产品的需求——将乡村塑造为承载农耕文化传承与乡愁情感的精神栖息地，并推动建设现代化的农业生产体系。

因此，本书研究的总目标是从多种角度全面开展农业农村现代化生产体系建设研究，为政府决策提供科学依据。分目标包括：（1）研究种养加一体化理论与政策；（2）创新开展农业供给侧结构性改革驱动下的种养加一体化发展机制与发展模式；（3）研究农业农村区域发展特点；（4）研究开展现代农业产业科技创新体系的构建路径、模式；（5）提出构建农业农村现代化生产体系的路径选择和政策建议。

1.3 研究内容

本书是以传统的种植业为基础对象，并以关联养殖、加工、休闲等相关产业协同发展为主要方向。具体内容包括以下几个方面。

（1）种养加一体化理论与政策梳理。基于农业经济学、环境经济学、农业政策学的理论基础，梳理并分析现有种养加一体化理论与政策，评价现有政策中存在的问题。

（2）农业供给侧结构性改革驱动下的种养加一体化发展机制与发展模式创新研究。基于实地调研和文献整理，分析并评价农业供给侧结构性改革实施以来各地涌现的种养加一体化发展机制与发展模式创新。

（3）农业农村区域发展特点研究。基于实地调研和文献整理，全面分析并总结农业农村区域发展特点。

（4）现代农业产业科技创新体系的构建路径、模式。结合农业科技创新的发展现状和存在的不足进行分析评价，在此基础上，提出能够推动农业农村现代化生产体系建设的现代农业产业科技创新体系的构建路径与模式。

（5）提出构建农业农村现代化生产体系的路径选择和政策建议。通过总结研究结论，提出符合政府需求的推动农业农村现代化生产体系建设的路径选择和政策建议。

1.4 研究方法

（1）文献分析法。通过文献检索查阅和分析，了解国内外的相关理论概念、研究方向和发展前景，充分认识该领域的研究现状和发展方向，为本书提供可靠详细的理论依据和分析方法的借鉴。

（2）归纳法和演绎法。运用归纳和演绎这两种重要的分析方法，对种养加一体化发展较好的地区的特点及经验进行总结归纳，以找到构建农业农村现代化生产体系的路径选择。

（3）案例分析法。课题组成员赴种养加一体化发展较好的地区对农民生产基地和企业进行调查，直接与农民和企业管理人员进行了交谈，更准确地了解和掌握了实际情况。

1.5 拟解决的关键问题

（1）由于耕作习惯、熟制、自然条件的差异，我国农业种养加一体化的形式多种多样，如何在众多的形式找出规律，归纳出特征，并针对代表性强的种养加一体化发展机制与发展模式进行分析。

（2）种养加一体化不仅需要物质的投入，还需要现代农业产业科技和管理方式的创新，如何搭建相应的创新体系，推动农业农村现代化生产体系建设和种养加生产模式升级，是研究需要解决的另一问题。

（3）选择什么样的路径和政策，在推动种养加一体化、构建农业农村现代化生产体系过程中实现农户增收、农村环境改善、产业效益提高是本书要解决的最关键问题。

第 **2** 章

农业农村现代化生产体系建设相关理论

2.1 循环经济理论

循环经济（circular economy）是一种以提升资源利用效率、促进循环利用为重心，遵循减量化、再利用、再循环原则，以消耗低、排放低、效率高为特征的可持续发展的经济增长模式（徐峰，2012），与传统的大量生产、大量消费、大量废弃的线性增长模式相比，循环经济标志着发展路径的根本变革。循环经济倡导新型系统观念、经济观念、生产观念、消费观念。从本质上来看，循环经济属于生态经济范畴；从实质上来看，它属于发展范式的革命，代表着经济发展模式的重要转变。目前，主要的经济发展模式包括传统线性经济、末端治理和循环经济。传统线性经济模式，以资源的大量开采与消耗为特征，形成"资源—产品—废物"的链条，这种发展模式导致了环境负担加重。末端治理模式，即"资源—产品—废物—废物治理"，这种发展模式虽然减轻了环境污染累积，但仍属"先污染后治理"的线性逻辑，且成本高昂。循环经济模式颠覆了这一传统路径，构建了"资源—产品—回收"的闭合循环，强调从源头减少环境影响，并将被动地应对污染控制转变为主动预防，实现了环境因素的经济内化。

循环经济遵循"减量化（reduce）、再利用（reuse）、再循环（recycle）"的3R核心原则，3R原则贯穿生产和服务，从输入、转化到输出的全过程（姜丽和于洋，2018）。其中，减量化原则着重在生产初期就尽可能缩减资源消耗及废弃物生成，其核心策略是提高资源的利用效率；再利用原则涉及资源的多次使用，关键在于通过科学设计以实现物质利用最大化；再循环原则强调将废物转化为资源，核心是资源的有效回收和利用。农业天生具备循环经济的特质，基于循环经济的基本理念，构建科学合理的农业循环产业链，是推动种植、养殖与加工一体化进程的关键所在（李浩鑫，2021）。循环经济的本质是将废弃物转化为资源，旨在构建以废弃物循环利用为核心的资源高效循环经济体系。这一体系通过模仿自然生态系统中的物质循环和能量层级流动，重新设计经济运作机制，以期在资源消耗与环境成本最小化的基础上，支撑并实现可持续发展。在实际操作中，需推动政府、企业和公民三方主体的共同参与，针对资源的引入、运用及排放实施全程监控，构建融合市场监管型、市场导向型及公众参与型的多元化政策框架的政策体系，以全面约束相关主体的行为模式，促进循环经济从传统线性发展转向新型模式。

 ## 2.2　生态经济理论

生态经济的核心在于妥善协调生态系统与经济系统之间的联系，生态经济学的主要研究领域同样聚焦这两者之间的关系探索。国内关于生态经济的主流观点认为，在确保不超越生态系统承载阈值的前提下，生态经济采纳生态学原理、系统工程手段来革新生产和消费模式，深度发掘资源潜能，促进经济与生态双重高效产业的成长。同时，也致力于构建体制健全、社会和谐的制度体系，维护生态好、景观美的环境。生态经济学理论覆盖范围较广，其核心研究聚焦生态产业、生态恢复及生态保护三大领域，分别对应产业生态学、生态恢复学及生态保护科学三个分支；该学科以生态系统作为主要研究对象，采用数学模型来剖析人类活动对生态环境的效应，进而通过制度创新、组织优化及技术革新等手段，调整相关行为主体的行为模式，推动社会与生态之间的和谐发展，同时，在此理论框架下，力求平衡各方利益，探索优化多方共同获益的生态解决方案。当前该研究主要聚焦制度、区域及产业三大方面，重点涵盖生态价值评估与补偿机制、生态足迹追踪与能值分析技术，以及生态农业与生态工业的发展等领域（王宝义，2018）。

生态经济学的核心理念聚焦生态系统与经济系统之间的协同发展。在生产活动中，它不仅重视经济的再生产，同样也重视通过运用生态学的基本原理及系统工程的技术手段来组织的生产流程，注重自然的可持续恢复，促进整体生态效能的提升。财富观念层面，把自然资源视作财富构成的关键要素，修正传统经济中"稀缺性定价机制"及"外部效应"导致的市场失灵问题。发展理念层面，构建与我国具体国情相契合的可持续发展理论体系，将其确立为社会经济活动指引的基本原则，并将资源和环境设定合理价格并融入市场体系之中，去规范并引导相关主体的行为，戴利倡导的稳态理论[①]即要确保所有发展活动均处于地球可承载范围内，这也促使生态足迹评估与能值分析方法成为探索这一领域的重要工具。生态经济学着重指出一个核心观念：尽管人类拥有利用自然与改造自然的能力，我们依然受限于自然的法则与界限。在人类社会架构中，人类既是行为的主体，也是自然影响

---

① 赫尔曼·E. 戴利. 稳态经济学 [M]. 季曦译，北京：中国人民大学出版社，2020.

的客体。经济活动与生态系统之间存在着密切且相互依存的关联，而非单纯凌驾于自然环境之上，保护自然环境是在经济发展过程中需要一直考虑并解决的重要课题。当下，全球范围内生态环境恶化已成为亟待解决的重大问题，它不仅深刻影响着人类的生活品质、身心健康，更是对人类文明存续构成了严峻挑战。为了实现可持续发展的长远目标，我们必须秉持科学原则，对生态系统的利用施以合理限制与管控。生态经济与循环经济之间，既展现出鲜明的差异性，又蕴含着紧密的关联性。我国的生态经济作为一种新兴的经济范式，已获得了广泛的认可与接纳。生态经济的核心理念在于寻求经济与自然之间的和谐共存，在于实现可持续发展的长远目标。相比之下，循环经济则聚焦物质消耗的缩减与资源的循环利用，其核心宗旨在于提升资源的使用效率，并竭力减轻对环境造成的负面影响。总体来看，循环经济是生态经济的重要实践形式，并且是促进生态经济进步的关键驱动力。

 ## 2.3 生态农业理论

我国杰出的生态学家马世骏（1987），在早期阶段即从系统工程的角度出发，为生态农业给出了清晰的界定。他主张，生态农业是以生态学的基本原理为指引，采用系统科学的分析方法，旨在构建一种既稳定又高效的农业架构，协调社会发展与生态环境之间的微妙关系，进而达成人类与自然和谐共生的愿景。生态农业实质上是生态工程理念在农业实践中的具体应用，它融合了生态系统中生物共生与物质循环再生的原理。借助系统工程的技术手段与现代科技的最新成果，并充分考量当地的自然资源条件，我们能够科学配置农业、林业、牧业、渔业及农产品加工等领域的资源，从而构筑一个兼具经济效益、生态效益与社会效益的综合性农业生产系统。林祥金（2003）从经济与生态的双重视角，对生态农业展开了阐释：生态农业是在经济与生态环境协调并进的前提下，融合了多种农业生产模式的成功范例，并植根于生态学与经济学的理论土壤之中，借助现代科学技术与管理策略，于特定区域构建出一种兼具经济收益、社会效益与生态价值的综合性农业生产体系。国外生态农业有自然农业、有机农业及生物农业等多种称谓，其产品一般被称作自然食品、有机食品或生态食品等（刘兴和王启云，2009）。尽管它们在命名上有所区别，但所秉持的目标与理念却是一致的，即在清洁的土地上，运用环保的手段生产出纯净的食品，达成经济与生态之间一种健康的平衡，从而推动农业的永续发展。生态农业的内涵可以从狭义与广义两个维度理解。从狭义层面而言，生态农业是依据农业生态学原则所构建的一种循环农业体系，具体实例包括我国北方实施的稻田养鱼、藕鱼共生体系，以及南方地区推行的"猪—沼—果"生态农业体系等。从广义层面而言，生态农业主要体现为一种遵循基本准则的农业实践模式，而非一项严格界定的评价标准。鉴于环境条件的差异，不同类型的生产技术组合将产生不同的生产效果，进而决定某些农业模式是否具备可行性。因此，诸如自然农业、绿色农业、有机农业及生物农业等具备生态属性的农业形态，均可被视为生态农业的典范。从这一维度出发，生态农业亦可被视为生态型农业的另一种表述，它象征着种养加一体化的综合发展模式。

可持续发展理论

　　可持续发展理论是推动种养加一体化发展的重要理论基础。农业作为国民经济的基础支柱，属于易受生态环境影响的脆弱领域，在发展过程中对农业生态环境的依赖程度较高。农业的持续发展不仅取决于其生态环境的稳定性，而且直接关联整体经济可持续性的实现。1972年，德内拉·梅多斯等在《增长的极限》[①] 一书中，强调了资源与生态环境对经济增长的制约作用。1987年，由杰出经济学家布伦特兰所撰写的《我们共同的未来》[②] 这一研究报告，经由联合国环境委员会呈交并公开发表，明确且系统地阐述了可持续发展的核心理念，此举在可持续发展理论研究的范畴内，取得了突破性进展。该研究报告清晰地界定了可持续发展作为一种革命性发展策略的内涵，在满足当代社会需求的同时，确保不对后代的需求构成威胁。唯有当人们充分认识到自身行为可能对环境造成的潜在危害时，方能透彻领悟可持续发展这一概念的精髓。此定义不仅凸显了人类在生存与发展进程中所面临的严峻挑战，也指明了践行这一新型发展观念的实践路径。可持续发展的核心理念根植于对自然资源及生态环境的保护，先决条件是促进经济增长，根本目的是提升并优化人类的生活质量。可持续发展是强调人与自然和谐共生、人与社会互利共赢的哲学，其核心宗旨

---

　　① 德内拉·梅多斯，乔根·兰德斯，丹尼斯·梅多斯. 增长的极限 [M]. 李涛，王智勇译，北京：机械工业出版社，2022.

　　② 世界环境与发展委员会. 我们共同的未来 [M]. 王之佳，柯金良译，长春：吉林人民出版社，1997.

在于促进社会、人口、经济、资源及环境间的协调发展。可持续发展理念剖析了自然资源、生态环境与社会经济发展之间内在规律的关系。随着公众对生态环境保护意识的日益增强，如何确保人类社会实现协调、健康且可持续的发展成为当前学术界关注的焦点议题之一。经济社会发展与资源环境之间存在着紧密连接，可持续发展理念从社会经济发展的根源性动因着手，进一步深入探究应对人类社会在存续与发展历程中所面临的生态环境困境的有效策略。经济发展作为人类生存与发展的基石，不仅是必要的物质与技术支撑，也是社会全面进步不可或缺的驱动力。社会发展的核心目标在于促进人的全面发展与生存环境的和谐共生。该理论倡导建立以资源为基础的产业结构，确保经济发展为人类生存与发展提供必要的资源与技术支持，同时认识到人类发展的根本目的是社会发展。自然界中多数资源的不可再生性、资源的稀缺性以及生态环境承载力的有限性促使人们在工农业生产实践中积极推行循环经济模式，加速构建资源高效利用与环境和谐共存的社会体系。资源约束与生态环境承载能力的有限性，凸显了可持续发展在人类经济社会进步中的核心地位与重要性（余晶晶，2016）。在全球经济一体化的背景下，鉴于地区之间的经济发展不平衡现象加剧，中国亟须加速工业化与现代农业的崛起进程。伴随着工业化与农业现代化步伐的加快，人类对资源与环境的需求量显著增长，在此过程中，我们必须摒弃发达国家曾经采取的"先污染后治理"的传统线性经济发展模式，这种模式以牺牲环境为代价。因此，唯有通过大力发展生态农业、循环经济以及低碳经济等发展模式，才能有效促进中国经济社会全面、协调与可持续发展。当前，中国正处于工业化的中后期阶段，实现从工业文明向生态文明转型与提升是我国社会经济进步的关键路径。在此背景下，如何推进中国农业现代化建设是重要议题。我们应致力于寻求一条既节约资源又环境友好的可持续发展道路，在推进农业现代化的过程中，坚持走新型农业现代化的可持续发展之路，并通过分析中国当前的实际情况与特点，探索适合中国国情的新型现代农业发展路径。可持续发展的理念为推动种植、养殖与加工的一体化发展奠定了重要的理论支撑。

2.5 农业区域分工理论

一方面，区域分工表现为在生产力遵循"高度优化分布"原则的作用下，区域间的劳动分工呈现出专业化特征，不同地区均侧重于生产特定的某一类商品的某个组成部分，实现了生产的专业化细分。另一方面，区域间的劳动分工同样依赖于跨地区的交换活动，保障各专业领域产出商品的市场价值的实现，填补对异地生产商品的需求空缺。这一机制不仅增强了各地区的生产效能，而且推动了区域间共同福祉的提升与发展。农业区域分工的深化发展具体表现在两个方面：一是规模扩张，即生产在地理范围上的扩张和总量的增加；二是职能强化，即地域内生产职能的细分水平与产品专业化水平的提升。

农业分工除农业本身所固有的地区差异、垂直差异分工之外，社会经济层面的劳动分工以及基于地区层面的劳动分工模式，同样也是构成农业、畜牧业与加工业融合一体化发展的关键要素。随着现代经济与社会的不断进步，农业领域的商品化与市场化进程持续加速，与此同时，新兴技术与产品层出不穷。特别是步入互联网时代后，信息流通速度显著加快，生产过程日益智能化，这不仅极大地便利了信息与知识的获取，个体和组织还能够依据实际需求灵活调整策略。这一趋势促使社会劳动分工趋向精细化，且其范围随时间推移逐渐拓宽。市场对生产效率的期望日益提升，企业间的竞争态势也越发严峻。在如此激烈的市场竞争中，明确自身定位并实现任务分配的高度专业化、精细化和科学化，已成为推动社会经济进步的重要途径。

农业区域分工构成了种植、畜牧及农产品加工整合的重要基础。这一分工模式的形成与市场发展的成熟度紧密相连。如何合理规划农业区域分工，需要明确界定各参与者的职能范围，针对各类生产项目及产品制定科学合理的规划，加深自我评估，加强长远市场预测。作为这一理念的实践典范，"一村一品"模式应运而生，实际上，"一乡一业、一村一品"不仅是一句倡导农业区域发展的响亮口号，更是对种植、畜牧及农产品加工深度融合发展趋势的具象化表达，对于推动种植、畜牧及农产品加工一体化进程具有深远的理论指导意义与实践价值。

2.6　农业产业结构理论

农业产业结构主要聚焦两大核心范畴：首先是农业内部不同产业之间经济活动的比例结构；其次则是农业与其相关联的涉农产业之间联动的比例配置。这两个范畴共同构成了农业产业结构分析的关键，对于深入理解农业经济的内在逻辑与外部联系具有重要意义。在由传统农业向现代农业转型的进程中，农业产业结构的优化与革新是重要标志。这一过程中，农业内部各组成部分的重新配置与升级，成为了推动农业现代化进程的重要特征。

农业产业的构成受多种因素的共同作用，这些因素包括农产品需求格局的变化、农业科技的革新进步、农产品市场的贸易状况以及农业区域政策的导向等。随着我国居民生活质量的不断提升，居民对食品的需求模式及其获取途径也在发生变化。现阶段，我国居民的食品需求已不再仅仅停留于满足基本饱腹的层面，而是逐步向追求更高品质的饮食体验过渡。农业种植在农业生产结构中的比重逐渐降低，畜牧业与渔业所占的比例相应提升；粮食作物在种植结构中的占比缩减，经济作物、水果及蔬菜的种植面积则有所扩大。除此之外，民众对农产品的需求从单一的食用需求，逐渐拓展至休闲、娱乐、教育、社交及生态保护等多个维度。随着工商业与服务业的不断发展壮大，对农业所提供的基础产品标准亦随之提升。工商业与服务业的持续繁荣对农业产品的标准提出了更高要求。为有效应对这一挑战，农业需要不断改进其加工技术手段，并积极探索增加农产品附加价值的有效途径，从而更好地服务于工商业与服务业的多元化需求。耕作与种植技术的革新、农业机械化的演进、化学与材料科学在农业中的广泛应用、农业信息技术的突破性发展，以及物流行业的持续革新与优化，共同构成了推动农产品结构发生深刻变化的多元动力体系。同时，农产品交易边界的灵活调整、国际贸易障碍的有效清除，以及农业领域内财政政策、货币调控与流通体系的综合施策，共同构成了推动农业产业结构深度调整与变革的重要力量，对农业产业结构的优化与变革产生了显著且深远的影响。

构建合理的种植、畜牧及加工一体化结构，需要满足若干核心要素：一是该地区资源的高效利用，以实现资源潜力的最大化发挥；二是降低农业生产成本，提升整体经济效率，针对技术层面的要求同样关键，既要确保技术的先进性，又要兼顾其实用性与可操作性；三是各组成部分间和谐共生、协同发展；四是具备较强的应变与转换能力，灵活适应市场变化与技术革新，调整生产策略与结构，保持竞争力；五是综合效益的高水平实现，从经济效益、社会效益与生态效益等方面确保农业发展的全面性与长远性。合理的农业主导产业既要清晰界定，还要实现规模发展，实现专业化分工，并通过产业化手段提升整体效能。农林牧渔等多领域协同发展，共同满足社会各阶层及各行业的需求。这些行业通过精细的分工合作，实现了资源的优化配置。种植、畜牧、加工等环节的调整与优化是重中之重，同时，农业产业结构理论为种养加一体化发展提供了理论基础。

2.7　农业发展阶段理论

探究农业发展的历史阶段，不仅有助于我们准确把握现状并规划未来发展方向，而且能够深化我们对农业在各时期特征及其在国民经济中作用的理解，明确农业与其他产业间的相互作用，为制定经济发展和农业发展战略提供理论依据。

美国的舒尔茨、约翰·梅勒、韦茨等学者对农业发展的不同阶段进行了深入研究，成为该领域的代表性人物。舒尔茨主张，发展中国家经济的蓬勃发展依赖于农业领域的稳定增长，而传统农业模式缺乏动力，在新技术革命的浪潮之下，传统农业将面临严峻考验，唯有通过农业现代化，才能为发展中国家的经济持续增长注入新的活力。①
1966 年，约翰·梅勒开创性地提出了"梅勒农业发展三阶段理论"，
分析农业发展的历程并将其细化为三大阶段，分别是传统农业阶段、
低资本密集型技术农业阶段和高资本密集型技术农业阶段。② 1971 年，
基于对美国农业历史演变轨迹的研究，韦茨创造性地提出了"韦茨农
业发展阶段性理论"，并分为三大阶段：首先是持续生存农业阶段，
标志性特征是自给自足；其次进入混合农业阶段，标志性特征是以经
营多元化及收益增长为主导；最后是现代化商品农业阶段，以专业化
生产作为显著标志。速水佑次郎和弗农·拉坦依据日本经济增长的独特
模式，提出"速水农业发展阶段性理论"，主要是将农业发展过程划分
为三大关键阶段：首先聚焦提升农业生产力和确保市场粮食供应；其次
进入以解决农村地区贫困问题为主要宗旨的发展阶段；最后是以调整和
优化农业产业结构为主要特征，旨在实现农业的可持续发展。③ 另外，
中国台湾的学者倡导"三级农业体系"理念，初级阶段聚焦农产品的
基础生产，中级阶段涉及农产品的加工增值，高级阶段以休闲农业为
主导，涵盖多种功能的综合性农业发展形态（刘喜波等，2011）。

尽管上述理论在农业发展各阶段的划分、研究视角及侧重点上存
在差异，但多数理论均将农业发展过程划分为三个阶段，并着重指出
农业资源配置及生产要素投入对于农业发展的关键作用。这些理论为
我们深入洞察中国农业发展的不同阶段提供了宝贵的视角与启示。当

---

① 舒尔茨. 改造传统农业 [M]. 梁小民译，北京：商务印书馆，2022.

② Mellor J W. The Economics of Agricultural Development [M]. Ithaca, N Y: Cornell University Press, 1966.

③ 速水佑次郎，弗农·拉坦. 农业发展的国际分析 [M]. 郭熙保，张进铭译，北京：中国社会科学院出版社，2000.

前，我国正处于由传统农业体系向现代农业体系过渡的关键时期，有效借鉴西方先进国家的农业理论与实践经验，深入剖析转型过程有利于更准确地指引我国农业发展的实际路径。现代农业的发展并非一蹴而就，现代农业的建设任重而道远，在制定地区发展计划时应采用适宜的评估方法，对发展时期进行科学定位与评估，以指导未来发展方向。

 ## 2.8　农业多功能性理论

　　20 世纪 80 年代末至 90 年代初，日本基于本土的稻米文化，对稻米文化进行了有效的保存与传承。此时期，日本率先提出农业多功能性概念，并在韩国以及欧洲部分地区引发了共鸣。在 1992 年联合国环境与发展大会通过的《21 世纪议程》的"推动可持续农业与乡村进步"章节中，清晰阐述了"农业具备多元化功能"的论断。这是一种将多种功能整合并优化其效能的现代农业形态。《21 世纪议程》中指出，农业的多元化功能不仅局限于为社会供应食物与原材料的基础作用，更预示着农业将在文化、生态以及社会结构等多个维度上实现功能的深度拓展与全面升级。农业不仅在经济支撑与社会保障方面发挥作用，而且在生态保护、旅游观光及文化传承等多方面发挥功能作用。在当前的时代背景下，我们必须坚定地遵循科学发展观的原则，积极促进现代生态农业的繁荣发展，致力于实现从传统农业向现代农业的顺利转型。现代农业的核心特征之一在于其多功能性，发展路径不再单一化，呈现出多元化的趋势，在生产过程中融合生产、生态与生活三个方面的理念，即践行"三生"融合发展的理念。

现代农业的多功能性体现在经济、文化、社会、生态等几个方面。

（1）经济功能。现代农业在经济领域发挥着举足轻重的作用。其经济贡献主要体现在经济效益的增长与社会地位的提升上，相较传统农业，现代农业展现出了更为突出的经济效益，这亦是当前我国积极促进现代农业发展的核心动力源泉之一。现代农业凭借其高产出率与高效益性，在提升农民经济收益、缩减城乡经济差距及促进城乡一体化和谐发展方面，体现出了不容忽视的重要现实意义。城乡区域发展不平衡是我国高质量发展的痛点和难点，也是中国式现代化建设过程中必须要解决的问题（王秀东，2023）。此外，现代农业在我国经济体系中的地位正逐步攀升，由原先作为基础性的生活资料与保障手段，逐渐演变为社会分工中的重要参与者，对国民经济的整体运行产生了广泛而深刻的影响。

（2）文化功能。农业文明作为绵延数千载的人类文化遗产，无论工业与城市的进步如何迅猛，都不应该且难以侵蚀农业所独有的文化精髓。中国在实现农业现代化的过程中，必须坚守可持续发展的基本原则。现代农业无论演进至何阶段，核心的任务始终是供给人类所需的农产品，这一特性构成了它与其他产业间永恒且鲜明的差异。农业的地位无可取代，其文化根基深远，特别是乡村手工艺与本土风俗，构成了独特的风景线。中国传统农业文化蕴含丰富的意蕴与价值，不仅对社会进步产生了持久深刻的影响，更为当前社会主义新农村的建设提供了宝贵的经验。我国农村地区幅员辽阔，人口众多，资源丰富，孕育了多姿多彩的农业文化。这些农耕文化传统，不仅对人民群众的生产生活具有重大意义，而且在全球范围内对其他国家和地区亦产生了深远的影响。我们有义务持续传承与应用这一文化，旨在发掘农业在文化领域的潜在价值，从而进一步充盈人们的精神世界，丰富人们的文化体验。

（3）社会功能。农业的社会功能体现在家庭稳定、社会和谐、国家稳定三个方面。首先，在维系家庭稳定方面，现代农业技术通过提高农民收入、改善农村经济条件，为家庭稳定奠定了物质基础；同时，技术推广提升了农民科学素养，助力形成文明乡风，促进了家庭关系和谐，现代农业技术在持续革新的过程中推动农业的发展模式多元化发展。其次，农村产业融合如农产品加工、休闲农业等，吸纳了农村富余劳动力，缓解了大量人口涌入城市带来的社会压力（刘喜波等，2011）。最后，现代农业的持续进步在确保国家经济稳健增长、农产品有效供给、加工产业原料支撑、调控通货膨胀以及维护社会整体的和谐与稳定等方面起到了重要作用。

（4）生态功能。从自然界获取的生产资料是农业生产的物质基础，作为农业生产的物质基础，与自然环境共生共存。适度而良性的农业生产能够与生态环境保持和谐，发挥生态效应的积极影响；同时，良好的生态环境为人类生活提供保障，并有助于构建和恢复人类赖以生存的自然环境。在构建现代农业体系中，应遵循生态学与生态经济学的根本原则，将两者紧密结合，并充分运用现代科技的发展成果，借鉴传统农业中的有效经验，构建出更加科学、高效的现代农业架构。

2.9 其他相关理论

种养加一体化构成一个多层面、多视角、跨产业的复杂系统工程。

当前，我国农业产业化进程中涌现出诸多新挑战，这些挑战体现了对传统农业生产经营模式及其内在规律深刻理解的要求。除了循环经济、生态经济、生态农业、可持续发展、农业区域专业化及产业结构布局等理论外，农业生态学、生态系统理论、产业经济学原理以及经济外部效应理论等亦与种养加一体化理论存在着密切联系。

1. 农业生态学（agroecology）

农业生态学作为应用生态学科的一个分支，专注于研究农业生产与环境之间的关系。农业生态学的概念源于 1928 年，由俄国农业科学家本辛（Bensin）开创性地引入，该学科已经历了长达 80 多年的研究积累（黄国勤和 Patrick，2013），通过对农业生态系统结构与功能融合机制的深入探讨，为种养加一体化进步奠定了坚实的理论基础，这也进一步彰显了其在农业生态学的理论与实践结合中的重要地位。

2. 生态系统理论（ecosystem theory）

生态系统涵盖了各类生物体及其所处的自然环境，形成了一个复杂而有序的整体结构。在生态系统中，生物体与环境之间存在着密切且动态的作用与平衡机制，这种机制促使生物与环境在特定的时间跨度内趋向于一个相对稳定的平衡状态。生态系统是一个由非生物环境要素（诸如水、空气、土壤及辐射能等）与各类生物实体（从生产者到消费者，再到分解者）所组成的复杂系统。其中，生物环境是生命活动的关键要素，生产者是连接无机环境与生物群落的桥梁，在生命活动中扮演着核心角色。根据林德曼的能量流转法则，能量流是单向且不可逆的，且在传递过程中呈现逐步衰减的趋势，传递率为

10%～20%。

3. 产业经济理论（industry economic theory）

产业经济学理论涵盖广泛，核心聚焦于分析产业间的相互作用、组织架构演变及产业发展的根本规律等。产业经济理论旨在提供理论指导促进制定国民经济发展战略、出台产业相关政策、推动产业进步（王宝义，2018）。产业经济理论主要包括：产业组织理论、产业结构理论、产业关联理论、产业布局理论、产业发展理论、产业政策研究等。种养加一体化模式的成长历程中，产业的构成结构、空间布局以及政策导向等因素起到了重要作用。

4. 经济外部性理论（economic externalities theory）

经济外部性理论亦称溢出效应，是指个体行为对他人产生的影响，该影响未通过市场机制获得相应补偿。经济外部性又分为正外部性和负外部性。正外部性行为带来的利益未被行为者所获，负外部性行为产生的成本由他人承担。在农业生产和加工中，正外部性可能削弱生产者的供给动机，而负外部性可能导致过量供应。在全球化的经济环境中，企业间的外部性是导致市场失灵的关键因素。种养加一体化模式属于正外部性，即种养加一体化模式效果的发挥在很大程度上取决于外部性问题得到妥善处理与解决的程度。

2.10　相关政策

为深入实施 2015 年及 2016 年中央一号文件精神及相关政策导向，

加强种植、畜牧、农产品加工模式融合，加速农业循环经济发展，以及启动种养融合型循环农业示范项目等具体措施，中共中央办公厅、国务院办公厅印发了《关于创新体制机制推进农业绿色发展的意见》，农业部有序部署并编制了《种养结合循环农业示范工程建设规划（2017—2020 年）》，农业农村部印发了《农业绿色发展技术导则（2018—2030 年）》《2021 年绿色种养循环农业试点技术指导意见》《关于推进稻渔综合种养产业高质量发展的指导意见》《关于开展绿色种养循环农业试点工作的通知》，大力推广种养加一体化循环技术模式，推进生态文明建设，支撑农业绿色发展和农业农村现代化。同时，积极呼吁金融机构为农林循环经济领域的重点项目及示范工程提供多元化的信贷扶持，拓宽可抵押担保物的范畴，探索并创新融资渠道，加大对种养加一体化的支持力度，促进稳健发展。

第 **3** 章

农业农村现代化生产体系现状及主要问题

3.1 生产功能

3.1.1 口粮

1. 发展现状

（1）口粮产量稳步增长。粮食不仅是人们最基本的生活资料，也是关系国计民生与国家经济安全的重要战略物资（王永春等，2021）。生产端稳固是确保粮食安全的关键（李国祥，2014），从 2004 年开始，在国家出台多项支持政策以及农业科技进步等因素的综合作用下，粮食产量出现了恢复性增长，口粮产量也呈现稳定增长，农业生产基础条件得到显著改善（辛翔飞等，2021）。到 2023 年底，口粮产量达到 34319.33 万吨，比 2003 年增长 38.86%，年均增长率为 1.58%。[①] 这一增长体现了粮食生产能力的显著提升。同时，从长期趋势来看，年均增长率预计维持在 1.58% 的稳健水平，标志着我国粮食生产持续稳定的增长态势。从不同作物品种来看，从 2004 年以来，水稻和小麦产量均呈增加趋势，水稻产量占口粮总产量的 60.20%，但产量增长速度低于小麦。2023 年，水稻产量为 20660.32 万吨，比 2003 年增长 28.60%，年均增长率为 0.717%。小麦产量为 13659.01 万吨，比 2003 年增长 57.93%，年均增长率为 2.0%。[②]

（2）粮食播种面积呈扩张趋势。2003 年，我国粮食作物的播种面

---

① 数据来源于国家统计局 2023 年全国主要农作物产品产量。
② 除特殊说明外，本章数据均来源于国家统计局。

积曾一度缩减至 4851 万公顷的历史最低点。自 2004 年起，得益于国家粮食支持政策的实施、粮食价格的上升以及市场需求的增加，我国粮食种植面积逐渐实现稳定增长。2023 年，我国粮食作物的播种面积已回升至 5857.6 万公顷，但相较于改革开放初期的规模仍有所不及，与 1978 年的数值相比，减少了 20.97%。

（3）口粮产量屡次刷新历史纪录。自 2004 年起这一趋势尤为显著，国家针对农业生产扶持策略的优化持续发力，对水肥管理、农药使用等基础生产要素的投资加大，以及推广粮食新品种与高效栽培技术，共同促使我国口粮产量保持高水平状态。2023 年，口粮单产达到 6527.53 公斤/公顷，比 2003 年增长 28.11%，年均增幅为 1.19%。从不同作物品种来看，水稻单产水平最高，2023 年，水稻单产达到 7136.77 公斤/公顷，高于小麦单产 5781.05 公斤/公顷的水平；2003～2023 年，小麦产量增速迅猛，小麦的年产量平均增长率攀升至 1.85%，远高于水稻 0.78% 的年均增长率。

2. 存在的问题

（1）人口总量增长，口粮需求刚性增加。近年来，我国口粮需求呈刚性增长态势。我国人口持续增长是粮食需求增加的直接驱动力。我国通过强化粮食生产与调控人口增长，已经基本解决了饥饿问题，但人口增长对我国粮食需求产生的强大驱动力仍然不容忽视。自中华人民共和国成立以来，人口从 1949 年的 5.4 亿增长至 2023 年的 14.1 亿，我国人口增长了 1.61 倍。尽管 20 世纪 80 年代末以来，人口增长率及增长速度达到峰值后逐渐下降，但在 2016 年我国两孩政策的全面放开后，我国人口总量的增加趋势依然很明显。

（2）耕地、水等资源红线约束不断收紧，增产压力持续加大。我国农业资源先天不足，环境压力加大。耕地资源不断减少，耕地质量明显下降。耕地是保障国家口粮安全的根本所在。但是，伴随着城市化与工业化进程的迅猛推进，对耕地的需求日益增长。尽管我国已经实施了严苛的耕地管理政策，推行了如耕地占补平衡等一系列耕地保护措施，但是，我国耕地资源不仅出现了数量层面的缩减，也出现了质量维度上的缩减（闫琰，2014）。此外中国面临严重的水资源问题——空间与时间上的分布不均，其中，粮食生产基地的用水问题矛盾越加尖锐。在中国，不论是人均水资源占有量还是单位面积国土水资源总量，均处于相对较低的状态。从国际层面来看，我国的人均水资源量仅约为全球平均水平的 1/4；从国内层面来看，水资源短缺问题已波及超过 1/3 的人口，尤以北方及西南部分省份更为突出。同时，我国水资源与耕地资源配置存在显著失衡，表现为南方水资源丰富而北方较少，而农业资源利用效率在南北部均较高。自 20 世纪 90 年代起，中国逐渐形成了"北粮南运"的格局，导致南方粮食产量大幅减少，口粮生产重心向北转移。有研究提出粮食生产中心出现了显著转移，并且这种转移不利于水资源的高效利用（徐海亚和朱会义，2015），这一趋势加剧了南方部分水资源短缺省份粮食产量降低现象的发生，而部分缺水省份却承担着较大的粮食生产任务，进一步加剧了水资源供需矛盾。

（3）农业生态环境约束趋紧，生态安全压力不断加大。目前，我国农业生产方式依然粗放，资源利用率较低。我国农业的资源约束日趋严峻，农业活动引发的污染、耕地质量退化以及地下水过度抽取等挑战逐渐显现，成为亟待解决的重要问题。

（4）成本增长快于价格上涨，种粮比较效益长期偏低。尽管近年来粮价稳步上涨，但由于成本增长较快，而粮食价格涨幅低于成本增幅，加之自然灾害频发，水稻、小麦的种植收益不升反降。据国家发展改革委调查，2007～2022年，我国稻谷每亩净利润年均下降13.45%，每亩总成本增长5.77%；2007～2016年，每亩小麦净利润持续下降，降幅达165.56%，每亩小麦总成本稳步上升，年均增长5.37%。小麦每亩净利润从2018年开始连续5年提高，稻谷每亩净利润也从2012年开始呈现波动中下滑的态势。长期以来，粮食种植带来的经济效益持续处于较低水平，对农民从事粮食生产的积极性产生负面影响。部分地区的粮食生产呈现出以口粮生产为主并兼顾其他作物种植的趋势，这种发展趋势在一定程度上限制了未来粮食增产潜力的充分释放。

（5）粮食国内外价差不断扩大，国际价格"天花板"与国内成本"地板"的双重挤压，使粮食高库存的"堰塞湖"加大财政压力。自2010年起，我国国内粮食价格全面超过国际市场离岸价格水平。自2013年7月起，直至同年9月之后，国产大米及小麦市场价格均高于经过关税处理后的配额内进口同类产品的到岸价格。2020年4～6月，受国际形势影响，国际稻谷价格略高于国内价格，2020年7月至2023年5月国际大米价格回落。2023年6月以来，厄尔尼诺事件导致全球稻谷减产，国际上印度出台大米出口禁令、泰铢兑美元汇率走强，推动国际米价大幅上涨。全球小麦受疫情、旱灾、运费等因素影响，2021年6月国际小麦价格上涨，价差不断扩大，至2022年5月涨至最高位后开始回落，于2023年8月下落至国内价格之下。整体来看，国内国际粮食价格倒挂。

价格倒挂的根本原因是国际主要农产品生产国拥有丰富的农业水土等自然资源、实施高额的补贴政策、采用高水平机械化的农业生产方式，以及石油价格下降等因素，降低了生产成本、压低了国际生产价格；我国城镇化和工业化的持续推进，提高了口粮生产成本，形成了生产成本刚性上涨；同时，由于生产规模、自然条件等因素影响，我国劳动生产率提高较慢。这三方面原因导致我国生产口粮市场竞争力弱。然而，更为直接的原因是农业支持政策中不适当的保护措施，如过高的关税和补贴。价格倒挂促进进口增加，进而对国内粮食价格上涨起到制约作用，形成"上限屏障"；同时，国内农业生产成本持续且刚性上升，成本的"下限壁垒"不断提升，双重的压力增加了农民增收难度，对农民粮食生产收益造成双向挤压。同时，政府高价托市收购原粮，大量粮食囤积在政府储备库，形成"堰塞湖"效应，加大财政压力，扰乱市场运行秩序。如果粮价继续上涨并超越配额外关税的"天花板"，中国加入世界贸易组织（WTO）时所构建的"防火墙"将彻底失效，现行食品市场管制体系亦将随之瓦解。

3.1.2　粮食

1. 发展现状

总体来看，我国粮食总产量大幅提升，种植面积维持稳定，且单产持续提升。

（1）从产量来看，尽管我国粮食总产量历经数次起伏，但整体增长态势仍是发展主旋律，粮食单位面积产量的提升至关重要。2023 年，我国粮食产量达到了 6.9 亿吨，增长趋势明显。近年来，稻谷和小麦技术进步速度快于农业平均水平，粮食增产主要来自单产增长。

（2）从播种面积来看，我国粮食作物的播种面积三十年来，虽历经波动但仍呈微弱增长态势。考察粮食产量年度变化率可以发现，我国粮食年度产量波动幅度呈减小趋势，整体趋于稳定。这一现象主要是因为国家粮食生产科技的持续进步，以及相关扶持政策的增强与延续，这些措施在一定程度上有助于农户抵御风险，提升种植信心和市场预期，进而激发种植积极性。

（3）我国的粮食生产布局也发生了明显的变化。改革开放以来，中国粮食生产的重心逐渐北移。进入 21 世纪之后，北方农业发展势头强劲，逐渐成为粮食供应的关键区域之一。截至 2008 年，北方地区的粮食产量已经全面超越南方，北方地区的粮食生产面积和粮食产量分别占全国总量的 54.79% 和 53.44%，南方地区的粮食生产面积和粮食产量在全国的占比则分别下降至 45.21% 和 46.56%。

北方省份承担了更多的粮食安全保障责任，粮食生产集聚效应更加明显。与此同时，粮食调出向少数北方省份过度集中，粮食产销呈现"两极化"现象。2016～2021 年，主销区粮食调入率达 71.88%，比 20 世纪 80 年代增加了 25.24 个百分点。粮食绿色优质高效生产所需的信息化、精准化、智能化水平不高，轻简化、可复制、可推广的粮食绿色优质高效集成技术模式缺乏，粮食生产绿色化发展的"最后一千米"瓶颈仍待破解（谭光万等，2023）。

2. 存在的问题

（1）我国粮食生产资源短缺不可逆转，环境恶化进一步加剧。一是耕地资源不断减少，耕地质量明显下降。由于经济的发展和城镇化的快速推进，一些在改革开放之初拥有优质耕地的省份已经丧失了大量的优质耕地。城镇化带来土地资源的占用不利于粮食安全（Yang & Li，2000；冷智花和付畅俭，2014）。二是水资源短缺且时空分布不均。粮食主产区用水矛盾越发突出，产粮耕地面临因缺少灌溉而产能难以发挥的问题。此外，随着工业化与城镇化步伐的加快，居民对生活用水及工业生产用水的需求量日益攀升，这进一步挤压了农业用水空间。三是粮食生产环境污染严重。随着工业化进程的迅猛推进以及农药化肥的过量施用，水土资源遭受污染，加剧了粮食生产环境的恶化程度。基于我国庞大的人口基数以及相对匮乏的人均耕地面积，粮食供需矛盾持续加剧。加之全球气候变化异常的频繁扰动，粮食生产面临的自然灾害风险日益加大。

（2）劳动力和土地成本不断提升，种粮比较效益持续偏低。受劳动力机会成本上升的影响，我国种粮劳动力投入数量严重不足，质量持续降低。城市化与工业化快速发展，土地资源的需求不断提高，种植业内部农作物之间激烈竞争，在这些综合性因素共同作用下，土地租赁成本快速提升，也提升了粮食生产的机会成本，并阻碍了粮食生产效益的提升，削弱了农民种粮积极性。我国土地资源在过去十年的机会成本年均增幅约达10%，这一趋势已成为制约粮食生产效率提升及削弱农户种植积极性的关键因素。伴随农业资源、土地和劳动力成本的持续上升，我国粮食生产收益受到挤压，农户耕作意愿降低、积极性受挫，导致减产和减少农业投资的现象普遍存在。

（3）农业支持政策边际效益递减，支农政策工具有待创新。从2004年开始我国财政"三农"投入总量不断增加。我国的粮食生产支持政策有效增加了种粮农民的收益，激发了种粮积极性，对保持粮食生产增长起到了关键作用。但是，一旦政策支持强度减弱，或惠农政策不足以弥补市场波动给农民带来的效益损失时，粮食生产就可能会出现波动。

（4）国内粮食价格高于国际市场价格，粮食安全风险进一步加大。在商品价格持续上涨和对品质需求不断提升的背景下，传统的以供需调节和品种调剂为手段的贸易模式已不再适用。中国粮食出口的同质化程度加深，其市场特性已由互补型转变为互补型与竞争型并存。因此，我国粮食产业面临着国际低价粮食产品带来的冲击与风险。

（5）市场开放和国际合作加深，粮食产业发展受全球粮食安全状况及国际环境的影响加剧。粮食需求的刚性增长与资源压力的叠加导致世界粮食供求偏紧，全球粮食贸易格局趋于集中，气候灾害等导致的区域性短缺甚至会进一步加剧。生物燃料的强劲需求、气候变化带来的极端天气事件以及恐慌性的贸易行为等使得未来粮食市场将在高位震荡，全球粮食安全的形势仍十分严峻。国际粮食市场供求和粮价波动也会对我国粮食生产和需求带来巨大冲击（刘旭等，2016）。

3.1.3 饲草

1. 发展现状

（1）苜蓿。伴随着我国畜牧业的蓬勃兴起，2001 年我国苜蓿种植面积为 285 万公顷，2007 年已扩展至 383 万公顷。自 2008 年起，我国对苜蓿产业的支持力度不断加大，并于 2012 年实施了"振兴奶业苜蓿计划"政策，极大地加速了苜蓿种植业的发展，苜蓿作为一种多年生豆科优质牧草，凭借其高营养价值、稳定产量、易储存性、良好适口性及出色的抗逆性能，在奶牛养殖业中得到了广泛应用。2008 年后，得益于国家的大力推动，我国苜蓿种植面积实现了快速增长，截至 2013 年，种植面积已攀升至 497 万公顷，与 2001 年相比，实现了 74.38% 的显著增长。此后，苜蓿草种植面积随饲草市场波动而略有起伏，但是优质苜蓿种植面积与产量逐年增加。截至 2020 年，优质苜蓿累计种植面积超过 54 万公顷，苜蓿产量达到了 400 万吨。

（2）燕麦。2010～2011 年，我国燕麦种植面积实现了 41.06% 的年均增长，由 17.59 万公顷扩展至 24.81 万公顷。由于燕麦产业受制于品种更新缓慢、深加工技术及加工企业匮乏等多重因素，其产量偏低且波动较大。2011～2012 年，呈现出年均 14.63% 的负增长，燕麦种植面积由 24.81 万公顷缩减至 21.18 万公顷，燕麦单产则波动增长；2012～2015 年，燕麦种植面积再度提升，由 21.18 万公顷增加至 33.42 万公顷，年均增长率高达 16.42%。近年来，在河北坝上地区、内蒙古自治区以及山西省北部等燕麦主产区，节水、节肥、高产高效的燕麦种植技术体系、燕麦与其他作物的混合轮作制度以及复种高产高效种植模式等已成功推广覆盖至 39.87 万公顷。这些措施实现了 20% 的平均水分节约和 30% 的平均肥料减量，极大提升了经济效益。2010～2012 年，我国燕麦产量实现了年均 40.75% 的增长率，由 105.98 万吨大幅跃升至 209.94 万吨；2012～2013 年，产量下滑至年均 12.28%，从 209.94 万吨减少至 184.16 万吨，产量与种植面积呈现出不稳定缩减的趋势；2013～2015 年，燕麦产量快速增长，由 184.16 万吨急剧攀升至 274.36 万吨，年均增长率高达 22.06%。2022 年，我国燕麦总产量达到 64 万吨，燕麦干草产量也达到 130 万吨，我国燕麦的种植面积与产量均呈现出一种波动式增长的趋势。

2. 存在的问题

目前，我国饲草种植缺乏代表性品种，缺乏品牌建设，优良种植模式推广不足，收获加工机械化水平、贮藏技术水平较低，产业化建设不强，影响我国饲草生产体系建设。

（1）品种结构未优化，优质饲草品种缺乏。近年来，尽管我国牧草种植质与量有所增加，但其整体布局未能优化，缺乏代表性的突破性饲料品种，限制了牧草产业现代化进程。青海拥有优越的自然环境条件，但资源分布不均，牧草品种单一，适应力不足，难以满足畜牧生产对饲料的需求。尽管青海推广了人工草场，但其生产效益较低，经营存在问题，加之农户对人工草场的抵触心理，导致其难以广泛普及。山东作为华北地区重要的牧草生产区，拥有优越的地理位置和良好的水、土资源，适宜多种饲料作物种植，家畜饲养模式多样，然而饲料品种构成比例失衡：各类天然饲草资源构成中，禾本科饲草品种占主导地位，其他科属的饲草占比较小；人工种植牧草构成中，也是禾本科饲草占据主导地位，富含高蛋白的豆科饲草料作物种植较少（翟桂玉，2019）。

当前，社会各界正积极倡导在天然草原及农耕田地中广泛栽培苜蓿及多种其他豆科优质牧草，但成效甚微。从根源剖析，当地经济社会发展滞后，会在一定程度上导致饲草料生产者对于豆科饲草作物存在认知不足，不够重视，并导致生产管理方式粗放。大多农户对于将粮食种植转向草料种植和草料引入农耕地持反对态度，部分农户甚至将苜蓿、三叶草等视作需清除的野草。加之现实中农户对科学种植管理技术的匮乏与草畜矛盾的日益凸显，许多农户盲目施用肥料，这不仅阻碍了豆科饲草植物的广泛推广，而且降低了实现高产、稳产及提升生产潜能的可能性。

（2）种植模式单一。人们对于饲草的认知水平尚待提升，饲草在畜牧业中的角色以及所具备的经济和生态效益尚未被充分理解，普遍将其视为次要或附属的资源。对粮改饲、种养结合等模式认同感不高。

"粮—经—饲"三元结构模式展现出显著的经济和生态效益，不仅能提升粮食生产效率，还能为畜牧业提供丰富的优质饲草，同时维护了生态环境。然而，这一模式往往未得到充分重视。牧草与农业结构的有效融合有助于提高耕地质量并促进牧草产业的发展。尽管国家已经提出了草牧业、生态草牧业试验区、草农结合、种养结合等多种发展策略，但粮草兼顾性种植模式在实际执行和推广方面的成效尚不显著。

（3）饲草生产水平不高。我国天然草地的分布广泛却零散，人工草地的栽培也是以零散分布为主。长久以来，人们主要依赖自然条件进行生产，饲草的经济产业发展一般。这进一步导致了饲草料种植与生产所需的基础设施、收获及加工设备落后，储存技术滞后，饲草料资源缺乏统一的质量评估体系及有效的检验手段等，这严重阻碍了饲草的科学管理与合理利用，增加了将饲草料资源转化为饲料的开发难度，制约了高品质饲草产出，妨碍了饲草现代化生产体系的建立健全。

（4）基础设施方面，主要是道路和水利问题。有些地区，由于天然草场地形复杂和运输条件不利，牧草收获、加工和运输的机械化作业面临显著挑战。人工种植草地一般成方连片种植在低产田或盐碱滩涂地，受土壤环境和机械设备限制，牧草的收割与处理滞后问题突出，严重影响饲草的收割效率和品质。大量草地缺乏必要的交通基础设施支撑，一旦进入收获季节并遭遇长时间的阴雨连绵天气，将会对饲草收割及加工处理产生阻碍，在缺乏机械和干燥设施的情况下，苜蓿收割后的优质等级难以保证。牧草种植区域由于农田基础设施薄弱或缺失，季节性干旱频发，对牧草和饲料生产造成严重干扰，进而导致产量和品质下降。

目前，饲草种植的机械化程度较低，存在机械种类有限、技术普及不足、设备数量短缺且价格偏高的问题，加重了农民的经济负担。播种、收割、切割、运输等机械对提升牧草产量的贡献不足，严重限制了现代化牧草生产系统的建设。国内饲草饲料工业处于快速发展阶段，但与国际先进水平相比存在诸多问题。现有农机装备型号少，配套性差，牧民选择空间有限。牧草种植过程中对机械化作业条件要求高，适用于高精度播种的成熟机械稀缺，而多数草种细小，破土能力弱。多年生草地需要多次中途耕作和施肥，现有机具难以满足需求。牧草采摘后含水量高，需及时翻晒以防腐败，但现有收获机械难以满足这一要求。近年来，国内虽出现了一些企业，在研制牧草种子加工机械方面取得了长足的进步，但是在理论技术和制造工艺等方面依然存在着差距，需要进一步发展。我国在技术和研发能力上总体薄弱，对引进技术的消化吸收和二次创新不足，已经成为畜牧业装备发展的长期瓶颈。

（5）饲草加工技术水平较低，导致农户实施深度的饲料加工受到限制。市场上规模化饲草加工企业数量有限，且成本高昂，在极大程度上阻碍了饲草现代化生产体系的建立。例如，青海地区缺乏专门的饲草生产与储存技术，致使饲草资源利用效率低下。

（6）秸秆利用不足。山东省作为农业大省，其秸秆饲草资源在传统上用于畜牧饲养，并实现物质转化。然而，随着我国经济社会的进步，秸秆的饲料化利用方式逐渐弱化，导致资源浪费和环境污染。秸秆的饲用价值受到其适口性差、消化率低、营养成分不均衡等因素的限制，使得小麦、玉米、水稻等主要粮食作物秸秆的饲料化利用率偏低，而仅部分花生秧、地瓜秧等藤蔓植物秸秆被有效利用。尽管存在秸秆青贮、黄贮、微贮及氨化等饲料化处理技术，但由于供需不匹配，这些技术的应用受限，进而影响了秸秆的资源化利用。农作物秸秆作为饲料处理与应用技术的核心在于青贮、黄贮及微贮等储存技术。随着技术的不断进步，氨化技术不断优化完善，成为饲草资源高效利用的关键手段之一，氨化技术还被用于提升秸秆的营养品质。畜禽饲料的需求与饲草实际供应量之间存在不匹配与失衡，这一现状制约了过腹转化的利用潜力。并且，由于秸秆收集耗时耗力，存储与加工成本高昂等，这些因素导致了当前从事秸秆饲料生产和加工的企业数量有限，高品质秸秆饲草的销售量少，产业整体发展水平明显偏低。

（7）产业化水平较低。我国饲料产业尚未高度工业化，存在诸多问题，当前，饲草产业正面临着一系列严峻挑战，主要包括生产技术滞后、加工设施简单、管理模式粗放、产品质量参差不齐以及商品化率低等问题（王晓龙等，2018）。草产品在数量供给、质量标准和种类多样性方面均未能充分满足市场需求，竞争力薄弱，产业结构不健全，这都制约了饲草产业的进一步发展，也制约了畜牧业和整个农业领域的发展，关系农业结构性战略的整体布局。

（8）政策支持力度仍有待加强，资源优势未能充分发挥。自然资源禀赋优势强的地区，社会的经济、文化发展水平相对较低，仅凭农牧民及单一场主的自主调节远远不够。必须依赖政府在政策、资金、技术及人才等领域的积极激励与支持，在基础设施建设强化的基础上，持续巩固饲草种植，为饲草种植提供有力保障。

但目前来看，政府支持力度在基础设施建设、扶持补贴、重点基地建设方面仍需要进一步加强。

3.1.4 天然橡胶

1. 发展现状

（1）天然橡胶产量小幅回升。2012 年以来，我国的天然橡胶产量在 80 万吨/年左右波动，曾在 2013 年达到峰值 86.5 万吨。2018 年产量为 82.4 万吨，比 2017 年增加了 0.7 万吨。之后，我国橡胶产量基本稳定，略有增长，在 2022 年增长至 86 万吨（见图 3-1）。

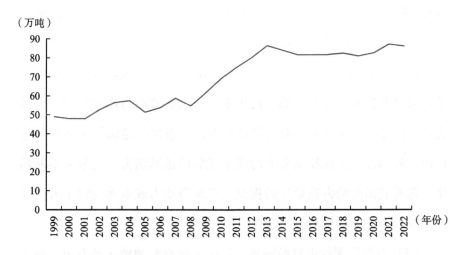

图 3-1 1999～2022 年我国天然橡胶产量

资料来源：国家统计局。

（2）橡胶种植面积基本稳定。近年来，天然橡胶价格持续走低，挫伤了橡胶种植农户和企业的生产积极性。然而在2016年第四季度橡胶价格急剧攀升，增强了种植主体的信心，使橡胶园转种其他作物的趋势得到遏制，农业开垦活动趋于稳定。截至2017年底，我国橡胶种植面积已达115.9万公顷，与2016年的数据几乎持平，保持相对稳定。随后，受天然橡胶价格波动影响，我国植胶面积稳中有降，预计至2023年将降至113.3万亩以上。

2. 存在的问题

（1）农作物种植增长速度减缓，废弃农作物及灌溉系统矛盾不断加剧。我国天然橡胶产业的市场价格已经低于生产成本，这严重打击了广大橡胶种植者的生产积极性，极大削弱了广大橡胶种植者的生产热情。当前，部分天然橡胶生产者维持基本的再生产活动正面临严峻挑战，部分大型橡胶园已暂停割胶作业，个体胶农也选择外出务工，仅有那些缺乏其他就业途径的胶农仍在坚持割胶，部分天然橡胶种植区域的弃管、弃割甚至毁胶改种现象严重。

（2）劳动力成本不断上升。劳动力成本上升对劳动力密集型的天然橡胶产业造成了较大影响。近年来，我国的劳动力成本增加，劳动力供应问题将越发严峻。对比印度尼西亚、泰国及越南等主要橡胶生产国，我国在天然橡胶制造上的成本优势已逐渐消失，竞争力不断弱化。随着我国劳动力数量达到拐点，我国劳动力成本将持续上升。提升割胶效率、革新生产方式迫在眉睫。

（3）自然资源约束日益明显。我国天然橡胶种植区域有限。截至2017年，我国天然橡胶种植面积已达115.9万公顷，适宜种植天然橡胶的土地资源已经接近饱和，通过扩大造林面积以增加产量的潜力有限。全球天然橡胶主要分布于东南亚等热带多湿、无风区域，而我国天然橡胶产区位于温度较低的热带北部边缘，且具有 5～7 年的生长期，因此，生态安全的维护对该产业至关重要。

同时，我国作为全球独特的植胶大国，其植胶区域纬度偏高，光照和热能资源有限，并受到夏秋季节台风的双重影响。在全球气候变暖的背景下，台风等极端天气事件的频发严重威胁了该区域的生态安全，我国的天然橡胶产业面临较大自然风险。近海地区频繁遭受台风和寒流等自然灾害的侵袭，不仅制约了橡胶林的正常生长，还导致其割胶期较其他国家缩短了 75～90 天，进一步导致橡胶树的非生产期延长，生产成本被动增加，从而制约了橡胶产业的发展。气候变化导致橡胶树减产每年超五万吨，且受灾胶园恢复至原有产量水平通常需要 5 年左右。

（4）产业扶持政策不完善。天然橡胶产业具有投资规模大和占地面积广泛的特点。自橡胶工业在国内兴起以来，虽然获得国家多项政策支持，包括农垦基建投资、农产品免税、良种补贴、林业补贴及标准化培育补贴等，但在 20 世纪后期，随着社会经济的快速发展，生产资料和劳动力成本上升，国家对天然橡胶工业的支持相对有限，影响了其可持续发展。

（5）天然橡胶生产加工水平低。国内天然橡胶加工企业的发展滞后，整体水平仍停留在 20 世纪 90 年代初期。除少数环节采用自动化切割技术外，其余加工过程及关键设备未见显著进步，维持劳动密集型产业特征。私营橡胶企业与胶农普遍呈现分散经营态势，缺乏科学的割胶与制胶工艺，生产规模小、设备配置参差不齐，导致批量产品一致性差，严重削弱了市场竞争力，限制了行业发展（叶露等，

2014)。生产产品种类单一，主要限于标准胶和少量烟片浓缩乳胶。

3.1.5 棉花

1. 发展现状

（1）棉花产能止跌回升。2012～2016年，棉花产量逐渐下降，从2012年的660.80万吨持续减少至2016年的534.28万吨。2017年是我国5年来的首次棉花产量增长年。据国家统计局的数据，2017年我国棉花总产量为565.30万吨，2018年继续增加到610.28万吨，其中新疆地区棉花产量增长是总产量增长的根本原因，其他棉区产量显著下降。新疆实施了为期3年的棉花目标价格改革试点和1年的深化棉花目标价格改革政策，维持价格稳定（棉花目标价格水平定为每吨18600元，定价周期为3年）。有效保障农户权益，促进产量恢复、品种优化和结构升级，推动了产业链良性发展。然而，2018年之后，我国棉花产量稳中有降，2023年，棉花产量达到561.79万吨（见图3-2）。

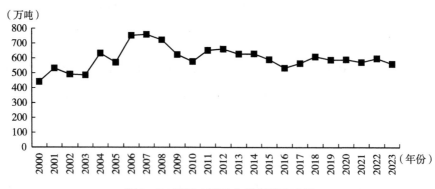

图3-2　2000～2023年我国棉花产量

资料来源：国家统计局。

（2）棉花种植面积小幅增加。从播种面积变化看，2018年全国棉花播种面积为3354.41千公顷，比2017年增加了159.68千公顷。随着市场结构调整，2018年以来，棉花种植面积缓慢持续下降，至2023年，棉花种植面积降至2788.14千公顷（见图3-3）。

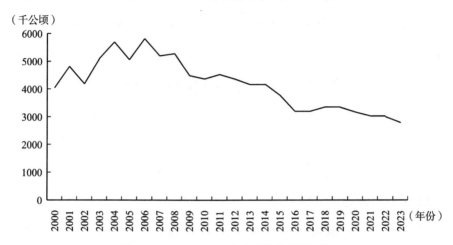

图3-3　2000~2023年我国棉花播种面积
资料来源：国家统计局。

从历史变化总结来看，前几年棉花行业呈现"洋货入市、国货入库"的现象，棉花市场的生产量、进口量及库存量三大指标呈现同步增长趋势，近期出现了集体下降的现象。目前，这一趋势已趋于缓解，表现为棉花产量、消费量及出口额的逐步恢复。供需平衡的"收敛态势"已得到有效控制。棉产业的结构优化、品质提升和效率增强等措施已发挥积极作用，实现了原棉质量从中低端向中高端转变的新进展。然而去库存还需时日。

2. 存在的问题

（1）我国其他省份棉花生产持续萎缩，恢复难度较大。新疆棉花目标价格改革以来，受其他省份补贴金额较少、机械化程度低、价格回落等多种因素影响，其他省份棉农收益与新疆相比差异较大，植棉积极性持续回落。目前其他省份产量仅为50万~100万吨，质量也较差。同时，与之配套的育种、技术、管理等一系列产业投入萎缩，导致形成恶性循环，一旦有需求，恢复难度很大。

（2）加工能力过剩，企业生存面临困境。近年来新疆棉花产量占比不断增长，其他省份棉花产量占比持续萎缩，而按原来生产格局进行布局的400家棉花加工企业，产能与当前棉花区域分布完全不匹配，大部分原料短缺，或可收购加工，或关门倒闭，或涌向新疆争抢资源，导致收购竞争激烈，收购成本较高，购销出现倒挂，销售缓慢，经营较为困难。目前，国家已取消收购加工资格认定制度，这400家棉花加工企业面临退出难题。

（3）供给需求尚不匹配，质量仍需继续提升。推进棉花、棉纺和服装行业高质量发展是破除资源环境约束、推动消费需求转型升级、全球产业梯度分工的必然要求。纺织产业升级对棉花等原材料提出更高的要求，目前国产棉虽然部分指标有所好转，但在异性纤维、短纤含量等方面与进口棉仍有较大差距，导致企业不得不使用进口棉。新疆棉区有地理优势，如果能在品种改良、管理模式、加工技术等方面下功夫，提高品质，那么完全有能力与进口棉竞争，实现供需双赢。

3.1.6　蔬菜水果

1. 发展现状

（1）蔬菜。

第一，蔬菜生产规模稳定增长，并逐步向优势产区集中。2018年我国蔬菜生产规模稳定增长，市场供应充足。国家统计局数据显示，蔬菜总产量从 2010 年的 53030.86 万吨上升到 2018 年的 70346.72 万吨，增长了 17315.86 万吨，2023 年，蔬菜总产量达 82868.11 万吨（见图 3－4）。2010～2017 年，我国蔬菜播种面积从 16201.45 千公顷上升到 19981.07 千公顷，增长了 3779.62 千公顷；2023 年，蔬菜播种面积已经增至 22873.46 千公顷（见图 3－5）。

图 3－4　2000～2023 年我国蔬菜产量

资料来源：国家统计局。

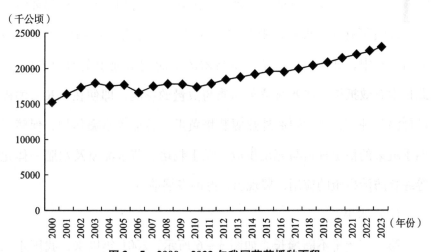

图 3－5　2000～2023 年我国蔬菜播种面积

资料来源：国家统计局。

我国蔬菜播种面积和产量连续多年居世界首位。近年来，我国蔬菜产业呈现集聚效应，逐渐聚焦于六个优势产区，即华南及西南热带冬春蔬菜产区、长江流域的冬春蔬菜产区、黄土高原的夏秋蔬菜产区、云贵高原的夏秋蔬菜产区、北部高纬度地区的夏秋蔬菜产区，以及黄淮海与环渤海地区的设施蔬菜产区（王娟娟，2016）。蔬菜生产的安全性、生态友好性、标准化水平、规模化程度、设施装备水平、集约经营以及品牌建设等方面不断发展，推动我国的蔬菜生产能力不断提升。未来十年，我国蔬菜种植面积将维持稳定发展，产量增长速度呈现不断放缓，蔬菜生产将呈现平稳宽松趋势。

第二，蔬菜种植技术持续发展。我国在蔬菜品种、生产技艺及设施装备方面不断引进、革新与实践示范的举措，极大地促进了蔬菜产业现代化种植技术与管理水平的提升（陈鸿和陈娟，2018）。近年来，我国在蔬菜集约化育苗技术领域取得瞩目进展，商品苗年产量已突破800亿株大关。这一里程碑式的成就促使我国良种蔬菜覆盖率达到90%以上，推动我国蔬菜产量迈入了国际先进行列。面对外部环境限制，我国积极发展设施农业，2016年我国设施农业面积已达370.14万亩。其中，日光温室蔬菜栽培技术的节能效果处于全球领先地位，此技术有效抵御了严寒对蔬菜品质与数量的影响，即便在 −20℃的极端低温条件下，也无须额外热源栽培黄瓜、番茄等喜温作物，保障了四季蔬菜的稳定种植与充足供应。无土栽培、节水灌溉及水肥一体化等综合防治措施的应用，展现出良好的发展前景。

（2）水果。

第一，产量不断增长。如图3−6所示，2001年以来，我国水果（包括园林水果和瓜果类）产量呈现不断增长趋势。2018年我国水

果产量达到 25688.35 万吨，比 2017 年增加了 446.45 万吨；2023
年，水果产量达到 32744.28 万吨。水果产量的增长主要来自园林瓜
果产量的增长。2017 年我国园林瓜果产量为 16949.36 万吨，比
2016 年增长 746.45 万吨；2022 年，已增至 22814.09 万吨。自 1994
年以来，我国在园林水果全球产量榜单上稳居第一。伴随着我国社
会经济条件的不断改善、居民营养健康意识的不断增强，水果已逐
渐成为居民日常饮食的重要组成部分。当前，我国人均园林水果占
有量已达到 131 公斤，远高于全球 34 公斤的平均水平，满足了居民
对水果的需求。2008 年以来，瓜果类产量呈现逐年小幅增长趋势，
2017 年产量为 8292.53 万吨，比 2017 年仅增长 90.2 万吨，2022 年，
增至 8482.15 万吨。

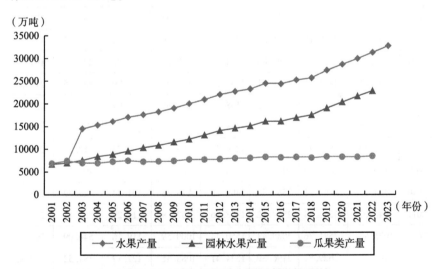

图 3 - 6 2001～2023 年我国水果产量

资料来源：国家统计局。

第二，品种日益丰富。我国气候涵盖寒温带、温带和热带等多元
气候条件，气候多样性孕育了丰富的水果品种。当前，我国居于全球
水果生产的前列，特别是在苹果、梨、桃及西瓜的生产上，产量均处

于世界领先地位，香蕉、葡萄与菠萝的产量也名列前茅。各地区大力推广特色水果，不断加大新品种的研发、引进力度，注重品种与成熟期的合理匹配，强化贮藏设施建设，以保障实现大宗水果全年稳定供应。同时，受益于这一系列措施，季节性水果的上市周期得到了明显延长。如表 3-1 所示，截至 2023 年，尽管苹果、柑橘与梨这三种主要水果的总产量持续增长，但在水果总产量中的占比已降至 40.86%，与 1978 年相比，下降了 30.24%。苹果降幅最为突出，柑橘和梨次之。这清晰地反映出当前我国水果种类不断丰富。

表 3-1　　　　　　　　2001~2023 年我国园林水果产量　　　　　　单位：万吨

年份	香蕉	苹果	柑橘	梨	葡萄	菠萝	红枣	柿子
2001	527.24	2001.5	1160.69	879.61	368	86.9	130.86	158.47
2002	555.73	1924.1	1199.01	930.94	447.95	82.73	157.37	174.06
2003	590.33	2110.18	1345.37	979.84	517.59	82.19	171.87	179.51
2004	605.61	2367.55	1495.83	1064.23	567.53	80.83	201.12	199.82
2005	651.81	2401.11	1591.91	1132.35	579.44	84.89	248.85	218.5
2006	690.12	2605.93	1789.83	1198.61	627.08	89.07	305.29	232.03
2007	763.95	2734.72	2036.4	1258.81	670.89	89.17	291.2	247.87
2008	748.43	2899.46	2296.96	1296.41	698.24	90.72	352.19	254.85
2009	829.65	3047.49	2471.73	1343.56	764.88	99.94	405	260.33
2010	884.1	3164.91	2581.74	1409.48	813.53	101.84	422.49	258.91
2011	946.07	3367.28	2864.12	1448.56	857.69	111.29	505.41	276.86
2012	1035.98	3581.36	3089.43	1550.44	1000.59	119.16	544.09	291
2013	1103	3629.81	3196.39	1544.41	1088.46	127.17	581.52	287.87
2014	1062.15	3735.39	3362.18	1581.91	1173.1	129.74	643.69	295.56
2015	1062.7	3889.9	3617.53	1652.74	1316.41	133.85	713.45	294.96
2016	1094.03	4039.33	3591.52	1596.3	1262.94	139.95	685.08	296.73
2017	1116.98	4139	3816.78	1640.97	1308.29	149.48	721.26	302.9
2018	1122.17	3923.34	4138.14	1607.8	1366.68	162.5	735.76	314.26
2019	1165.57	4242.54	4584.54	1731.35	1419.54	173.32	746.36	329.42

续表

年份	香蕉	苹果	柑橘	梨	葡萄	菠萝	红枣	柿子
2020	1151.33	4406.61	5121.87	1781.53	1431.41	184.79	773.14	347.13
2021	1172.42	4597.34	5595.61	1887.59	1499.8	188.59	740.17	361.77
2022	1177.68	4757.18	6003.89	1926.53	1537.79	200.35	747.24	385.82
2023	1170.28	4960.17	6433.76	1985.26				

资料来源：国家统计局。

第三，果园面积不断增长。如图3-7所示，2014年之前，我国果园面积总体呈现不断增长趋势，2014年果园面积达到11607.66千公顷。2014年之后有所下降，2017年又开始小幅增长，果园面积达到11148.62千公顷，比2016年增加了231.98千公顷。2016年以来，受人均收入水平影响，果园面积稳步增长，2022年，果园面积达到13009.53千公顷。

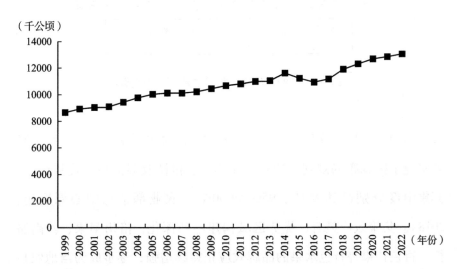

图3-7 1999~2022年我国果园面积

资料来源：国家统计局。

随着人民消费能力的提高，水果市场需求更盛，我国果业产销规模持续扩张。2022年在主要果树种植类型中，苹果园与柑橘园的占比分别为 15.03% 与 23.03%，苹果园与柑橘园为规模最大的两类果园。从变化趋势来看，2008 年之后，柑橘园面积超过苹果园面积，并呈现逐年增长趋势，2022 年苹果园面积达到 13009.53 千公顷；柑橘园面积达到 2995.81 千公顷；梨园的面积从 2006 年之后逐渐呈现小幅下降趋势，2022 年梨园面积减少为 914.97 千公顷（见图 3 - 8）。

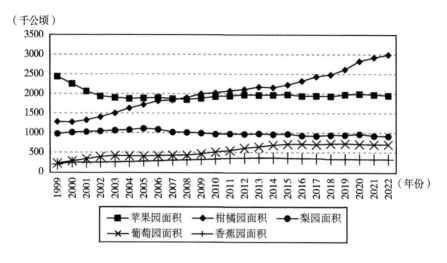

图 3 - 8 1999 ~ 2022 年我国主要水果果园面积
资料来源：国家统计局。

第四，优势区域布局取得显著成效。针对主要水果产区，我国高效实施了区域布局规划，特别是在苹果、柑橘及梨的核心优势产区，其集中度分别高达 86%、95% 和 90%（农业部信息中心课题组，2018）。集聚效应显著，优势区域构建不断深化，洛川苹果、赣南脐橙、百色芒果等特色水果的品牌效应正持续增强，逐步成为当地农户摆脱贫困、提升收入的关键性支柱产业。

中国水果供应区域主要集中在北方的山东省、陕西省、河南省以及南方的广东省、广西壮族自治区和海南省。其中，北方地区主要供应温带水果，而南方地区则是我国热带水果的主产区。不同地区不同种类水果产量差别很大（见表3-2）。

表3-2   我国主要水果区域分布

水果品种	分布区域
香蕉	海南产量最高，福建、广东次之
芒果	主产区为海南，广东雷州半岛、广西
荔枝	广东产量最高，海南、广西、福建、四川次之
龙眼	主产区为福建、广东、广西，四川泸州也有栽培
杨梅	主产区为福建龙海，浙江余姚、仙居
木瓜	主产区为海南，广东、广西、福建次之
菠萝	主产区为海南、广东、广西
柚子	主产区为福建平和
柑橘	主产区为福建漳州、泉州永春县

资料来源：国家统计局。

产品品质与安全性得到显著提升。果树种植中普遍采纳无病毒种苗，促进了老旧果园的更新及新品种的培育，广泛推行了无公害、绿色、有机栽培技术，提高了果实加工效率，进而大幅提升了果实的质量、品质及安全性。近年来，苹果、柑橘和梨这三种优质水果占比分别达到45%、40%和48%。根据农业农村部的标准监测数据，当前水果中农药残留合格抽检率稳定维持在95%以上水平（农业部信息中心课题组，2018）。

回顾改革开放以来的历史性转变与成就，我国水果产业经历了诸多历史性变迁，家庭联产承包责任制的实施、市场体系的初步建立以及成功加入世界贸易组织等变革，这些变革标志着我国水果产业步入新阶段，也为后续发展奠定了坚实基础。水果产业在总量、结构及布局方面已奠定坚实基础。随着居民生活质量的不断提升，居民对营养、对优质水果的需求持续增长。结合时代潮流，牢牢把握发展契机，不断深化水果产业供给侧结构性改革，加速推进水果生产从产量导向向质量导向的转型进程，提高对高品质水果市场的满足程度。

2. 存在的问题

（1）蔬菜。

第一，蔬菜生产设施与规划存在诸多难题，生产流程标准化程度低。在蔬菜产业发展的全链条中，各地区普遍存在科学规划缺失、盲目扩张、缺乏完备并系统的蔬菜基地规划设计体系等问题。菜农仅凭个人经验进行设施设计与建设，结合现有设备与工具相对简陋、标准偏低的现实条件，难以实现环境管理薄弱下的高效生产。此外，种子苗木繁育技术及栽培方法相对滞后、农药化肥施用标准尚不成熟、连作障碍与病害问题突出、市场信息反馈滞后、流通渠道单一等因素，使得处于被动地位的菜农根据市场需求难以灵活调整种植品种，难以实现预期经济效益。这些问题的累积导致我国设施农业建设滞后，严重制约其发展。关键在于设施农业设施建设过程中，农田废物利用效率低下，抵御自然灾害的能力较弱。结果是蔬菜品种外形及营养价值较低，存在安全隐患，且损失率较高。

第二，随着我国蔬菜产业的快速发展，生产过程中所引发的各类灾害及生态环境问题日益凸显。如番茄、黄瓜、辣椒、茄子等作物受土壤盐渍化问题时，面临畸形果、空果、落瓜、花瓜等生长障碍。这些问题日益严重，成为我国蔬菜产业亟待解决的重大问题。生态环境方面，存在植被覆盖度降低、水土流失加剧、土壤酸化加剧以及有机质含量减少的现象（陈鸿和陈娟，2018）；蔬菜生产方面，存在地膜残留和蔬菜废弃物等不断累积的问题；水资源方面，存在水资源短缺、过度开采、无序灌溉、无序开采，以及农药和化肥的残留导致利用效率低下；"三农"方面，存在农业生产模式落后和农村劳动力素质低等问题。这些因素相互交织，共同导致了生态环境的持续退化，对蔬菜产业的可持续发展构成了严峻挑战。

第三，机械化生产技术的水平落后，缺乏全面完善的机械化生产设施体系。蔬菜种植属于典型的精耕细作，从土地翻耕、直接播种、幼苗移植、田间管理等多个过程实现其生产收获。经济发达国家已普遍实现从耕地到收获的较大部分机械化作业。而我国蔬菜产业，则面临着耕地条件复杂、粗放式作业方式普遍、机械化及机械自动化程度低等问题，设施农业覆盖率不足。机械化环节主要涵盖土地耕种、温室育苗和穴盘育苗作业的生产流程，但机械化技术与装备的应用显著不足，尤其是在作物种植与收获环节，相关技术与设备配备格外匮乏（陈鸿和陈娟，2018）。

第四，生产标准化程度较低，品牌塑造力度不足。尽管各地在标准化生产领域已确立了统一的技术准则，但在实际贯彻过程中的遵循程度依然偏低。即便在蔬菜主产区的核心区域，按照技术标准进行生产的比例也未过半。我国蔬菜产业化进程仍处于初级阶段，过去十年间，部分地区已成立了一批蔬菜专业合作社，但蔬菜种植活动仍以传统的家庭经营模式为主，种植技术主要依赖长期积累的经验。部分农民对蔬菜种植的认知存在局限，虽然农民拥有实践经验，但在未结合现代技术的情况下，对设施的熟练应用仍需提升。构建一套完备有效的设施农业规划设计体系势在必行。

由于蔬菜生产流程标准化的缺失，结合零散农户对品牌认知的匮乏，农户往往不能充分认识打造特色蔬菜品牌的重要性。当前，我国正积极扶持本土农业企业发展，培育具有地方特色的农产品，特色农产品既源于农民的辛勤劳动与智慧，也来源于独特的自然禀赋优势。部分地区缺乏明确的特色农产品市场管理标准，致使众多地方特色蔬菜品牌趋于同质化，缺乏产品特色，阻碍地方特色蔬菜品牌的构建与发展。部分区域虽然依托自然资源打造知名品牌，但疏于品牌保护与可持续运营，最终导致品牌衰败，严重制约了当地蔬菜产业的进步与发展。

（2）水果。

第一，产能和结构亟待调整。现阶段，我国水果的供给量已超过市场需求，加之大量果树幼株持续成长并逐渐步入丰产期，未来水果供应过剩的矛盾将进一步加剧。近年来，我国苹果市场销售不畅既是因为供过于求，又是因为产品同质化严重。我国优质特色水果种类发展不充分，难以满足市场的多元化需求，从而进口增长以满足居民消费需求。

第二，产品质量与安全标准体系亟待提升。我国长期以来实施的增产导向策略引发了无序种植与粗放管理的现象，导致品种适应性不足、标准化建设滞后，严重影响了产品内在品质的稳定性与优越性。产品的内在质量表现欠佳，特别是在采后分级、包装作业以及品牌标识认知缺乏等因素综合作用下，产品品质未能充分满足消费者的期望与需求。目前，我国部分地区和部分品种存在肥料使用不当、滥用膨大剂等问题，严重影响了水果的品质安全，进而导致我国水果的绿色生产发展缓慢，目前绿色生产比例仅为6%。

第三，资源要素亟待优化。为了实现进一步的优化与完善，需要对各种资源和因素进行调整。2016年，我国的水果产量达到13.7吨/

公顷，仅与世界平均水平保持一致。然而，到 2022 年，苹果、柑、橘的平均生产成本分别为 5380.4 元/亩、3868.07 元/亩和 4350.37 元/亩。其中，人工成本分别为 3344.0 元、1998.34 元和 1471.51 元，成本利润率分别为 31.96%、38.46% 和 37.16%。综合分析，我们可以清晰地认识到，我国水果生产在土地利用效率、资源配置合理性以及劳动力生产效能等方面均存在明显不足。同时，机械化普及程度、信息化应用水平以及全要素生产效率急需提升，迫切需要采取有效措施进行深度优化与全面提升。

第四，水果产业流通处理技术仍需强化。现阶段，无论是在产业链的上下游、供应链的各环节，还是在价值链方面，水果产业均存在短板，亟待通过技术创新与模式优化等手段进行全面提升。产业链中，加工、流通等第二、三产业的进展步伐滞后，原材料供给与加工需求不匹配，基地多以加工低质、残次产品为主，产品整体质量与附加价值低。同时，生产性服务业与休闲观光果园等新兴业态的发展处于萌芽阶段，亟待进一步发展壮大。供应链中，传统的本土储藏方法仍旧占据核心地位，多级批发模式持续作为商品的主要流通渠道。相比之下，电子商务及其他新型流通模式占比较小，同时，冷链物流体系存在缺陷。价值链中，知名品牌实属稀缺，产品质量参差不齐，价格较高，市场竞争力不足。

第五，扩大出口市场成为迫切需求。在全球出口贸易规模排名中，柑橘、桃子及果汁等出口排名前五，这一现状与我国作为全球水果产量领先国家的情况并不匹配。东亚与东南亚地区构成了我国鲜果的主要出口市场，美国和欧洲则是加工产品的主要出口市场。"一带一路"共建国家的市场潜力有待发掘。

3.1.7　种养加一体化

随着我国经济进入新常态，农业所面临的内部条件与外部环境正历经深刻变革，生态约束与资源限制的问题逐渐升级，农业及农村区域对于环境管理的需求也越发紧迫。[①] 在满足人民群众对农产品多样化需求的基础上，满足人民群众日益增长的对生态产品、文化产品的需求，必须着力构建现代农业生产体系，创新开展农业供给侧结构性改革驱动下的种养加一体化发展机制与发展模式。因此，在农业生产中实施减量化、再利用及资源化策略十分必要，有利于提高农业资源利用效率。坚持稳定供给数量和适应消费结构并重的原则。统筹保证供给和适应结构，实行藏粮于地、藏粮于技，抓住种子和耕地两个要害，持续提升产能，保障粮食等重要农产品供给安全（韩昕儒等，2024）。结合资源环境承载能力的考量，促进种植业、养殖业结构的优化布局，深化种植业、畜牧业的发展布局，并通过推行种养加一体化建设模式，有效推动农业的可持续发展。

1. 发展现状

近年来，我国将提高资源利用效率置于优先位置，积极实施了一系列战略举措，深入推动农业循环经济发展，并推广资源节约型先进技术。当前，我国已构建起以"节能减排"为核心的可持续发展模式，农业生产正稳步迈向节约化道路。作为农业关键基础设施的农村

---

① 农业部关于印发《种养结合循环农业示范工程建设规划（2017—2020 年）》的通知 [EB/OL]. 农业农村部官网，2017 – 09 – 20.

沼气建设，在提升能源利用效率、改善农民居住环境、减轻环境污染及减少温室气体排放等方面发挥了不可替代的作用。从农业整体产业、生态环境以及广大农村的综合视角来看，农村沼气的普及与应用、农村清洁工程的深入推行、人畜粪便及农作物秸秆的资源化转化利用，农民秸秆还田技术和设备存在局限性，导致秸秆直接还田效率较低（马秋颖等，2017），同时生活垃圾与污水的资源化利用也不可忽视。因此，大力发展农村沼气对于实现生态文明，确保粮食安全，推行一系列节水、节肥、节药技术，包括测土配方施肥技术、农药减量使用技术、旱地农业节水技术及免耕栽培技术等势在必行。此外，还需要加强农田管理、推广秸秆还田技术、化肥减施增效技术及保护性耕作技术。提升资源与农业投入品的利用效率，促进农业生产向更加清洁的方向发展，并为种植业、养殖业及农产品加工业的协同发展奠定坚实基础。

一是生活废弃物无害化初步实现。我国历年来高度重视农业循环经济发展，2015 年中央一号文件《中共中央 国务院关于加大改革创新力度加快农业现代化建设的若干意见》明确指出"开展秸秆、畜禽粪便资源化利用和农田残膜回收区域性示范"，紧接着，在 2016 年的中央一号文件《中共中央 国务院关于落实发展新理念加快农业现代化实现全面小康目标的若干意见》中，又具体提出了"启动实施种养结合循环农业示范工程"的要求。至 2018 年，一系列环境保护举措得以推行，涵盖以有机肥替代化肥、家畜家禽粪便处理、农作物秸秆的综合利用、废弃农膜的回收，以及病虫害的绿色防控策略等方面。为解决农村生活垃圾、生活污水等农村废弃物污染问题，农业农村部在全国启动实施了农村清洁工程试点，以自然村为基本单元，建设秸秆、粪便、生活垃圾等有机废弃物处理设施，就地就近资源化利用农村生活废弃物，推进人畜粪便、生活垃圾、污水向肥料、饲料、原料的资源转化，集成配套节肥、节水等使用技术，推广化肥、农药合理使用技术，应用秸秆覆盖还田、秸秆快速腐熟还田和机械化还田技术，实现农村家园清洁、水源清洁和田园清洁（王衍亮，2015）。2024 年中央一号文件《中共中央 国务院关于学习运用"千村示范、万村整治"工程经验有力有效推进乡村全面振兴的意见》强调"深入实施农村人居环境整治提升行动"的迫切性，要携手多方机构，跨部门协作合作，共同促进农村有机生活垃圾、粪便污染物以及农业生产过程中产生的有机废弃物的资源转化和循环利用，优化农村生态环境，提升整体生活质量。2015 年，我国已成功构建 1700 多个农村环境整治示范村，并广泛开展大规模的示范项目构建活动，成效显著。在这些示范村中的生活垃圾与污水的处理效率已超过 90%，农田化肥与农药施用量削减幅度超过 20%，农作物秸秆的资源利用比例达到 80% 以上，展现了良好的环境效益与资源利用效率。①

二是农业废弃物的多元化再利用正稳步发展。近年来，农业乡村部门均在积极促进秸秆向肥料、饲料及基料方向的转化，以实现有效推进秸秆的循环利用。2024 年，我国秸秆的年产量达到 8.65 亿吨，可回收利用量也高达 7.31 亿吨，秸秆的整体利用率达到了 88.1%，其中，约有 6.44 亿吨秸秆实现了高效利用。通过推行机械破碎还田、保护性耕作、堆沤处理等技术，我国秸秆作为肥料的利用率逐年攀升，当前，已达到 57.6% 的利用率；通过青贮、氨化、微贮及颗粒饲料生

---

① 对十二届全国人大三次会议第 5922 号建议的答复［EB/OL］. 生态环境部官网，2015 - 08 - 26.

产等技术，我国秸秆饲料利用率已达到 20.7%；通过利用秸秆沼气、固化成型燃料、热解气化、直燃发电及干馏等先进技术，当前已成功将秸秆转化为环境友好型能源，全国范围内秸秆能源化利用率达到8.3%；通过利用秸秆为基料的食用菌栽培，包括平菇、双孢菇、香菇、金针菇、木耳、鸡腿菇及杏鲍菇等品种发展迅猛（王衍亮，2015），尽管全国秸秆基料化利用率仅为 0.7%，但发展潜力巨大。

三是养殖废弃物减量化已见成效。养殖废弃物的高效利用是规模化养殖、养殖总量快速增长及养殖管理模式转变过程中遇到的一个阶段性挑战。为了促进畜牧业与环境保护的协调发展，实现工业与环保的"双赢"目标，我国持续推行适度化规模养殖，倡导农牧融合的生态养殖模式，促进畜禽养殖场实施相关改造，并大力推广雨水与污水分流系统、干湿分离技术及设施化处理手段，从源头上尽可能避免环境污染，为养殖废弃物的后续处理与资源化利用提供便利条件。2007年与 2008 年，我国相继启动了面向生猪与奶牛的大规模标准化养殖场建设项目；2012 年，肉牛与肉羊的大规模标准化养殖建设也拉开帷幕；2016 年，我国选取了 17 个核心奶牛养殖县域，推行了种养结合的综合性试点。截至 2020 年，我国已成功建立起 4986 个畜禽养殖标准化示范点，这标志着我国畜禽养殖的规模化程度已达到 67.5% 的新高度。在提高畜产品质量与安全水准的同时，增强畜禽粪便无害化处理的力度，减轻养殖场对周边生态环境带来的不利影响，从而维护区域环境的可持续发展。

四是畜禽粪便的循环利用稳定发展。我国农业发展历史悠久，数千年前，就萌生了"循环相生，互为资用"的朴素生态循环理念，在不断演化的过程中，发展出了融合种植业与养殖业、注重精耕细作与土地资源高效利用的农业发展模式，致力于实现人与自然环境和谐共融的可持续发展策略。基于循环经济的原则，各地正积极推进农村沼气项目的发展，促进畜禽粪便的有效资源化利用的实现。沼气项目的建设与种植业和畜牧业紧密交织，有利于构建出以家用沼气为枢纽的多种畜禽粪便循环利用体系，如"猪—沼—果"模式、"四位一体"模式及"五配套"模式等。这些模式既加强了种植业、养殖业与沼气产业之间的联动，又实现了三者之间的循环共生与可持续发展。在充分考量并尊重农民实际需求与意愿的基础上，针对丘陵地带、偏远区域、贫困地区以及其他难以集中供气的区域着力推动家用沼气的发展。在农户聚居区及新农村建设进程中，积极构建村级沼气集中供气站点，并且在养殖场或养殖密集区内，大力促进大中型沼气工程项目的建设与发展。到 2020 年末，我国沼气项目运行量达到 9.3 万项，总池容量达到 2180 万立方米，规模化大型沼气项目数量达到 7396 项，年产沼气 14.27 亿立方米，供气户数 39 万户；建成秸秆打捆直燃供暖试点 238 处，供暖面积达到 815 多万平方米，推广固化成型燃料站点 2660 多处，年产量达到 1280 万吨。

五是农业清洁生产水平不断加强。近年来，响应国家推进生态文明和构建资源节约型、环境友好型社会的战略部署，我国农业发展步入由传统型向现代都市转型的关键阶段，为达成农业清洁生产目标，我们必须聚焦农业发展模式的深刻转型，致力于提升资源的利用效率，并从土地资源、水资源、肥料使用、农药管理、种子优化及能源节约等多方面积极推动节约型技术的广泛应用与实践。当前，我国各地正积极推行化肥的深度机械化使用、精确施肥、诊断性施肥以及水肥一体化等科技手段，持续提升肥料利用效率。与此同时，淘汰陈旧农药施用设备，积极推广高效率、低毒性、低残留的新型农药，并结合物理、化学及生物的综合防控策略，全面提升病虫害管理的综合能力与水平。针对生态拦截设施进行改造与扩建工作，有效控制农田土壤中的氮素与磷素向水体环境的迁移。在面临水资源短缺挑战的地区，推广旱作节水农业技术，构建雨水收集与补充灌溉系统、推行土壤保湿与稳固技术、生物节水措施、农田边坡防护与水分蓄积策略，以及全面采用管道输水系统和膜下滴灌等高效节水灌溉技术，支持旱作农业示范园区的建设工作，并同步推进保护性耕作技术的研发与应用，在保障农业生产的同时，实现水资源的高效利用与节约。截至 2022 年，我国土壤监测精准施肥技术的实施范围扩大到 22.6 亿亩次，其技术覆盖率达到 89.3%，采用绿色防控措施的面积亦达到了 8 亿亩以上。我国在土壤管理与肥料使用方面取得了较大进步，不仅扩大了技术的应用规模，还提升了绿色农业实践的覆盖面积。

2. 存在的问题

第一，区域统筹规划的合作机制仍需调整。当前，一个亟待解决的关键议题是如何有效推进畜禽养殖废弃物的资源化利用，以确保畜牧业的可持续性发展。我国通过采用多种来源渠道资金，渐进式推动了养殖场的标准化改造、沼气工程项目建设以及农作物秸秆的综合开发利用等多项举措，并已收获了一定的建设性成果。但这些措施因缺乏系统性规划与协同推进机制，导致整体推进成效不足，各部门协同性差。从整体效益来看，效益有待进一步提升，政府部门对畜牧业发展的重视程度需要进一步加强，畜牧生产与环境和谐共生的理念需要进一步贯彻执行。从细节来看，农村地区畜禽粪便过度排放及农作物秸秆无序焚烧、无序摆放等问题需要进一步调整。同时，农业循环经济的税收激励措施相对单一，对于促进农业循环经济的相关科技进步和创新缺乏充分的政策优惠。这些优惠政策分散实施，未能有效发挥协同效应，农户资金匮乏，信息交流不畅，技术更新缓慢，投资能力薄弱，使得农户难以成为农业循环经济持续发展的坚实后盾。以农作物栽培与畜禽养殖为主导的县域，各类种植与养殖活动产生的废弃物密集度高、体量大，加剧了当地生态环境的承载压力，迫切需要推动种植业与养殖业融合发展模式的发展。

第二，废物再利用运作机制仍需优化。我国农业生产能力水平已经有所提升，但整体来看，在农业领域的产量、品质、总体规模、结构布局、成本效率及生态环境等多个方面，依然存在界定不清晰问题，面临严峻挑战。近年来，在国家相关部门及地方政府的积极扶持与强力驱动下，农业与畜牧业废弃物综合利用领域进步显著，尤其是畜牧业的废弃物，作为一种资源的开发利用效率明显提升。但同时也存在因缺乏长效运营机制而产生高昂生产成本、产品商品化程度偏低，以及农民群体参与积极性不高等问题。这些共同构成了农业与畜牧业废弃物综合利用深入发展的阻碍因素。针对秸秆方面的综合利用，受限于秸秆收储运体系的缺陷以及秸秆还田、离田的高成本，阻碍了秸秆综合利用迈向产业化深入发展的步伐。针对畜禽排泄物管理与资源化利用方面，沼气工程项目生产的沼气在并入电网时面临困难，同时，关于有机肥料的推广使用进程迟缓现象普遍存在。

第三，种养业领域废弃物管理尚显不足。随着农业生产模式日益集约化以及畜牧业规模的迅速扩张，存在化肥与农药过量或不规范施用的问题，再加上畜禽排泄物未经处理直接排放，引发的环境污染效应正日益凸显，这些问题在处理发展与环境保护过程中亟待解决。随着人口数量的持续增长及经济发展步伐的加快，我国对肥料的需求亦持续攀升。2023年，我国化肥折纯量达到5021.74万吨，远超全球主要国家的施肥水平。根据农业农村部数据，每年均有大量秸秆被露天焚烧，这不仅导致了资源的极大浪费，也加剧了对大气环境和交通安全带来的风险。在地区问题上，由于东北地区气温较低，玉米秸秆的分解速度相对缓慢；而南方地区双季稻种植周期紧凑，秸秆还田利用始终是一个颇具难度的问题。伴随我国经济实力的持续增强，民众对农产品品质的要求日益严苛，畜禽粪便作为一类宝贵的资源，其体量亦呈逐年攀升之势。依据农业农村部数据，我国畜禽粪便年产生量达到40亿吨。粪便包括畜禽排泄物、农作物秸秆、水产养殖废弃物等多种类型，其中，家畜及家禽直接排泄的粪便量约达到18.8亿吨，养殖过程中产生的污水总量更是高达到20.9亿吨。在我国广大的农村地区，大量畜禽排泄物未经有效处理及无害化流程，便被直接排放至自然环境之中，这一现状对水生态系统、食品安全领域乃至公众健康均构成了不容小觑的潜在威胁。我国畜禽养殖业已跻身国内污染最为严峻的几大行业之列，不容忽视。当前国内堆肥设施与沼气利用装置的配置在规模养殖场中占比仅分别为35%和26%，多数设施的功能潜力尚未被充分挖掘和应用。

第四，作物种植与畜禽养殖链接需要加强。首先，我国规模化养殖不断发展，并逐渐成为主要养殖模式，伴随而来的就是大规模养殖带来的巨量的粪便废弃物的问题。同时由于养殖生产受季节性限制、农村劳动力短缺、交通设施滞后以及有机肥激励政策缺乏等多重不利因素的制约，粪便资源已逐渐变成生态环境的巨大威胁、区域水体质量负向的主要影响因素。其次，饲草料的本地化供应不足，迫使养殖者依赖外部市场，这增加了物流成本，还加剧了因供应链不稳定而引发的饲草料短缺的风险，对养殖业的可持续发展构成威胁。具体来说：养殖场主要依据市场需求导向及地方政策导向，来确定养殖种类、养殖规模，设计畜舍结构布局、空间安排以及配套设施等因素。然而，由于土地承包经营模式的特性，规模养殖场面临土地资源匮乏的困境，以及难以有效处理家畜及家禽排泄物的困境，呈现规模养殖场专注于养殖而忽略作物种植的现象。同时，部分养殖户盲目扩张养殖规模，过量使用化肥、农药，随意处置粪污，不仅加剧环境污染，也致使土壤质量急剧下降，还导致资源极大浪费。这也进一步导致作物种植与养殖生产在种类选择、耕作时序、施肥时机及施肥量等方面存在显著脱节，种植业与养殖业严重分离。依据当前调查数据，我国超过70%的农业园区局限于单一作物种植或单一畜禽养殖模式。但单一化运营模式致使众多农业园区陷入"无本之木、无源之泉"的困境。另外，尽管部分农业园区尝试采用种植与养殖并行的双重经营策略，但在实现种植与养殖环节的有效对接、协同并进及整体提升方面，仍遭遇多重障碍，农业资源未能获得高效利用。

第五，作物种植与畜禽养殖布局不合理。首先，现代农业的演进要求我国农业从单一产出功能迈向多元化综合生产体系，同时实现从"追求高产"到"注重品质"的战略转型。随着具备市场竞争优势的主要农产品集聚化发展，具备不同竞争优势的农产品关于水土资源的有限性之间的争夺凸显，进一步加剧了统筹发展的挑战。由此，原有的功能定位与发展路径已难以充分契合新时代农业发展的实际需求。其次，部分区域的畜禽养殖规模已经超出了当地生态环境的可承载范围，形成了过度养殖的现象。随之而来的还有大量的畜禽粪便未得到有效且妥善的处理，成为亟待解决的问题。从环境承载能力与地域布局的角度来看，经济发展繁荣的东部沿海地区以及紧邻大城市的中部地区，均呈现出规模养殖的高度集聚，当然，这些经济发达且地理位置优越的地带，也由于畜禽养殖的密集，导致了较高的污染物产生量。华北地区种植业及养殖业都十分发达，但水资源短缺问题严峻，多年来华北地区长期过度开采地下水，导致地下水位大幅下降，已形成目前世界上最大的地下水漏斗区。

3.2　生态功能

3.2.1　发展现状

生态文明建设是中国特色社会主义事业的重要内容。面对资源约束趋紧、生态系统退化、人居环境恶化等严峻形势，必须树立生态文明理念，走可持续发展道路。农业农村现代化生产体系建设离不开生态功能的开发，当前，我国农业农村现代化生产体系存在诸多问题，尤其是在生态环境方面形势十分严峻，如土壤酸化、地下水超采、重金属污染等，农田生态环境系统长期遭到破坏，国家粮食安全受到威胁。具体来看，当前我国农业农村现代化生产体系在生态环境方面主要存在以下威胁。

一是化肥产品过度利用，导致生态环境质量下降。长期以来，我国一直是农业化肥使用大国，2022年，我国的化肥施用折纯量大约为

5079.20 万吨，其中，氮肥 1654.18 万吨、磷肥 563.19 万吨、钾肥
493.16 万吨、复合肥 2368.68 万吨。总体来看，当前我国农业施肥面
临以下几个方面的问题。首先，施肥结构严重不均。具体表现为"三
重三轻"，即过于注重化肥、大量元素肥、氮肥在农业生产过程中的
利用，而过于轻视有机肥、中微量元素肥、磷钾肥的利用，这导致耕
地板结、土壤酸化等现象产生。其次，施肥区域极不均衡。从全国区
域来看，东部沿海经济发达区域的施肥量要远远高于中西部地区；从
城乡区域来看，城市周边近郊农村地区的农业施肥量要远远高于偏远
农村地区。最后，亩均化肥施用量过高。以 2015 年为例，我国农作物
每公顷化肥施用量大约为 446.1 千克，而世界平均水平大约为 122.8
千克/公顷，美国、加拿大、澳大利亚、巴西等农业生产大国的化肥施
用量分别为 133.7 千克/公顷、105.2 千克/公顷、53.2 千克/公顷、
158 千克/公顷。

二是化学农药利用泛滥，食品安全难以保障。随着播种面积的逐
年扩大，农业生产过程中病虫害防治难度逐步加大，施用农药也成为
了当前我国农业发展过程中防治病虫害的重要措施之一。总体来看，
当前我国农药施用总量较高，2021 年我国农药施用量为 123.92 万吨，
但是与 2016 年相比有所减少，减少比例约为 28.80%。具体来看，当
前我国农药利用过程中主要存在以下问题。首先，过度使用化学农药。
当前，化学农药仍然是我国农业生产过程中防病治虫的主要利用物，
过度依赖化学农药易引发恶性循环，如病虫抗药性增强、防治效果下
降，形成"越用药越难治"的困境。其次，农药残留超标。由于过度
依赖化学农药进行农作物病虫害防治，农药施用过程中的不合理、不
科学等因素通常导致农药残留超标，农产品质量安全得不到保障。最

后，农药利用率偏低。当前我国农业生产过程中的农药利用率仅有40.6%左右，不科学的施用方式导致农药在农业生产过程中大量流失，最终导致耕地和水资源产生污染，农田生态环境安全遭到严重威胁。

三是农用地膜难以回收，生态环境恶化。我国作为农业生产大国，农用薄膜覆盖栽培技术日益受到广泛重视。该技术已成为驱动农业持续增产的关键要素之一，在提升农作物产量及增加农民收入方面扮演了举足轻重的角色。随着农用地膜用量的不断增大，许多问题也逐步凸显出来。首先，过度依赖农用塑料膜。2021年我国农用塑料膜施用量为235.79万吨，其中地膜施用量为145万吨左右，地膜覆盖面积为2000万公顷左右。由于回收较为困难，且较多农民为了追求低成本效应大量应用厚度小于0.008毫米的超薄地膜，导致大量塑料地膜无法实现资源化利用（曾桂芳等，2013）。其次，土壤物理性状改变。随着农用塑料薄膜用量的增长，其回收清理也变得日益困难，导致大量塑料薄膜残留在土壤之中，耕地肥力逐步下降，严重影响农作物生长，造成农作物产量降低。最后，危害人体健康。由于塑料地膜通常使用化学添加剂，且大量塑料地膜被遗留在农田之中，因此导致农作物受到极大污染，最终危害人体健康。

四是生态价值认识不足，生态功能开发较弱。农业除了具有为人类提供粮食、蔬菜等农产品的功能之外，还具有较强的生态功能，农业是调节自然生态环境的重要要素之一，它具有调节气候、循环养分、保持土壤、涵养水源等多种生态功能，此外还具有提供自然景观以满足人们精神需求的文化、娱乐功能。但是，在实践过程中，对农业的生态价值认识不足，农业的生态功能开发较弱。一方面，农业自身产品的低效益导致生态功能难以发挥。农业由于自身在食物等产品提供方面的经济价值相对较低，在实践过程中农业的其他功能和价值往往被忽视，因此资源投入往往转向其他非农产业，导致农业的诸多生态功能无法得到开发。另一方面，农业的生态功能还面临着极大的威胁。宜粮则粮、宜经则经、宜牧则牧、宜渔则渔、宜林则林是遵循农业生产自然规律，进而充分发挥农业生态功能的重要措施，但是在实践过程中由于对农业功能价值认识不足，过度注重农业自身产品的经济价值，破坏了农业生产发展的自然规律，进而对整个农业生态环境产生严重破坏，尤其是大量耕地转为建设用地等现象，致使农业诸多生态功能难以发挥。

3.2.2 生态功能实现面临挑战

以上一系列问题的存在，严重阻碍着我国农业农村现代化生产体系建设，对我国农业绿色发展、农村人居环境改善、农产品质量安全提高等产生极为不利的影响。总体而言，当前我国农业农村现代化生产体系建设过程中所产生的一系列生态环境问题与当前我国面临的形势息息相关，并且在未来的发展过程中仍然面临诸多挑战。

（1）人口持续增长，市场需求加大。当前，我国的人口数量大约为14.1亿，庞大的人口数量导致对粮食的需求量极大，为了满足市场需求，化肥、农药和塑料薄膜等在农业农村现代化生产体系建设过程中被广泛使用。未来，我国人口数量将持续增加，根据《国家人口发展规划（2016—2030）》的预测，到2030年，我国人口将达到14.5亿左右。随着市场需求压力的持续增大，粮食作物增产增收也成为必然要求。随着城乡居民收入水平的提高，农产品消费结构也将发生变化，高标准、高质量的农产品也成为未来的必然需求。因此，如何既保障我国粮食安全，又促进农业农村现代化生产体系建设，成为摆在我们面前的一个现实问题。

（2）耕地资源不足，产量难以提高。耕地资源禀赋程度较低、人均耕地资源不足成为当前制约我国农业农村现代化生产体系建设的又一重要因素，也是造成农药、化肥、塑料薄膜等过度利用的又一成因。根据《第三次全国农业普查主要数据公报》，截至 2016 年底，全国耕地面积为 134921 千公顷，面对庞大的市场需求，这部分耕地所生产的农产品仅能维持供需均衡。与世界上其他发达国家相比，我国人均耕地资源禀赋程度较低，远远小于北美及欧盟等世界农业发达地区水平。土地资源方面的严重不足，迫使农药、化肥、塑料薄膜等过度利用，导致农业农村绿色生产体系难以实现。根据《全国种植业结构调整规划（2016—2020 年）》和《全国国土规划纲要 2016—2030》的相关数据，到 2020 年我国的耕地保有量将继续保持在 18.65 亿亩，到 2030 年保持在 18.25 亿亩以上，耕地资源与当前相比基本保持同等水平，耕地资源严重不足成为制约我国农业农村绿色生产体系开展的关键因素。

（3）农资供需失衡，政策约束较弱。市场对农药、化肥、农膜等农资产品的生产供应脱离了市场的实际需求，供应品种结构不合理，如在薄膜供应中仍然以不可降解的塑料地膜为主，以市场供给为导向的农资产品利用严重影响着新型产品的推广和利用。除此之外，当前有关农药、化肥、农膜使用的规范性较弱，虽然国家出台了较多政策鼓励农户采用环保强、污染低、高标准的农资产品，但是政策难以落地，具体执行不到位，这导致农业农村绿色生产体系建设过程中农药、化肥、塑料薄膜等诸多农资产品被滥用。另外，新型产品支持力度较弱也是这一现象产生的重要原因。如何开发环保型、生态型、高标准型产品，如何建立有效的政策支持体系进行无污染新型材料和产品的研发，这也是能否促成农业农村现代化生产体系建设的又一重要因素。

（4）功能需求增加，供给严重不足。近十年来，我国的城镇化呈现出快速发展的趋势，大量农村人口不断由农村涌入城市，随着人们生活质量的逐步提升，人们对阳光、空气、水源以及乡村自然景观资源的需求也在逐步提升，但是在当前的农业发展过程中，农业生态功能开发不足，还远远不能满足人们对这些功能的多重需求。整个生态环境问题也日益突出，但是农业生态系统所具有的调节气候、改善环境、维持生物多样性等方面的功能在实践过程中往往被忽视。因此在今后的农业发展过程中，除了注重农业提供农产品的经济功能和经济价值之外，如何综合发挥农业的多功能性进而提升整个生态环境质量和满足人们的精神需求，是今后农业农村现代化生产体系建设过程中所面临的一项挑战。

3.3　文化功能

农业农村具有传承、弘扬、创新和发展优秀传统农业文化的重要价值和功能。我国古代人民在长期农业生产和农村生活发展历程中，形成了大量的物质和非物质文化资源，是传统农业文化的重要组成部分。传统农业物质文化资源包括作物和畜禽种质资源、农业生产工具、记录农业生产技术的书籍、农业生产遗址、传统村落等，非物质文化资源包括围绕农业生产环节而形成的知识技能、礼仪节庆、民俗活动、口头传统、表演艺术等。这些物质的和非物质的农业文化资源是我国人民智慧的结晶，是我国传统农业文明的载体，可以为现代农业农村高质量发展提供历史借鉴和参考。保护和利用好农业文化资源，创新开发农业文化产品，使农村成为传承发展农业文化、寄托乡愁的精神家园，是建设农业农村现代化生产体系的应有之义。

3.3.1 发展现状

随着工业化和城镇化的快速推进，农村劳动力大量向城镇转移，研究发现，城镇化对农村劳动力转移具有显著的正向影响，形成了强大的吸纳作用（Au & Henderson，2006；张洪潮和王丹，2016）。农业生产方式发生重大变化，传统农业文化资源面临消亡的危险。国家高度重视传统农业文化资源保护和传承，发挥农业农村的文化功能。

（1）作物种质资源保护得到有效保障。2015 年，农业部启动了第三次全国农作物种质资源普查与收集行动，摸清资源家底，征集各类作物种质资源，保存到国家作物种质库。目前国家作物种质库已保存各类作物种质资源43.5 万份。

（2）农业文化遗产发掘、保护、传承和利用等工作有序开展。我国的农业文化遗产是在与自然环境的长期配合发展过程中，世代由民众传承下来的宝贵财富，它展现了丰富的农业生物多样性，传承了深厚的传统知识与技术体系（周平，2021），呈现了独具特色的生态与文化景观，构成一个综合性的农业生产系统。这一遗产不仅体现了人类智慧与自然环境的和谐共生，还蕴含了丰富的生物多样性保护、传统知识传承以及生态与文化景观维护等多重价值。我国农业文化遗产资源丰富。截至 2020 年底，联合国粮农组织公布了 62 项全球重要农业文化遗产保护项目，我国占 15 项，位居世界首位。我国重要农业文化遗产发掘 6 批共认定了 138 个项目，通过普查发布了 408 处具有潜在保护价值的传统农业生产系统，成为世界上第一个开展国家级农业文化遗产认定的国家。

（3）创设"中国农民丰收节"，全国各地开展了形式多样的节庆活动，传承弘扬了中华农耕文明和优秀文化传统。经党中央批准、国务院批复，自 2018 年起，将每年农历秋分日设立为"中国农民丰收节"。具体工作由农业农村部有关部门组织实施。"中国农民丰收节"的设立，是习近平总书记主持召开中央政治局常委会会议审议通过，由国务院批复同意的第一个在国家层面专门为农民设立的节日，充分体现了国家对传承和弘扬中华农耕文明和优秀文化传统的重视。2018 年，农业农村部不仅组织了"1＋6＋N"的庆祝活动，还充分发挥市场主体和行业协会、社会力量来策划了"5 个 100"，即自主推荐 100 个品牌农产品、100 个特色村寨、100 个乡村文化活动、100 个乡村美食、100 个乡村旅游线路，充分展示各地优秀传统文化传承。2023 年的丰收节秉持"庆丰收、促和美"的主旨，聚焦推动乡村的全面复兴及加速农业强国建设进程，展现出一个宜居、宜业、宜人的乡村风貌。这彰显了"三农"领域取得的显著成就，描绘了农业农村现代化发展的广阔发展前景，还弘扬了中华民族悠久的农耕文化。

（4）农业文化与旅游融合推动休闲农业发展。各地结合农业文化资源构建特色农业景观，打造乡村特色旅游线路，建设农业主题公园、休闲农庄、乡村民宿等，围绕"吃、住、游、购、学"，推进农业文化与旅游融合发展，由于休闲农业发展对城乡居民消费的促进效应存在时滞性，为确保其消费促进效应充分发挥，各地政府应对当地休闲农业发展进行长期支持，保证相关政策的稳定性和可持续性（杜经纬等，2023）。

3.3.2 存在的问题

（1）农业文化的活态传承方式单一，亟须拓展。农业文化的活态传承是在农业文化产生的环境中进行保护和传承，在农民生产生活过程中进行传承和发展。当前农业文化的活态传承主要是通过将某处农业文化纳入中国重要农业文化遗产地来进行保护和传承，传承方式主要是维持和发展原有的生产系统。但农业文化类型多样，除了已纳入中国重要农业文化遗产之外，还存在大量静态的物质文化资源，如何有效地激活这些农业文化资源，拓展传承方式，实现其活态传承是当前面临的一大难题。

（2）部分地区为追求短期利益，违背科学规律开发利用，使农业文化资源遭受破坏。在开发利用农业文化资源的过程中，存在受短期利益的驱动，对文化资源的不合理开发，导致文化资源遭受破坏的问题。例如，在传统农业生产系统的开发利用上，有的地方为了提高经济效益而违背科学规律，引进外来物种，打破了原有生态系统平衡，破坏了传统农业生产系统环境，造成了对文化资源的损害。

（3）农业文化产品的创新开发不够。当前，农业文化功能更多地体现在传承和保护传统农耕文化上，而在农业文化产品的开发上较为缺乏，难以满足城乡居民对传统农业文明的精神需求。如何充分挖掘利用农业文化，创新性开发农业文化产品，将其融入现代农业的产销环节和产业体系中，形成新业态新模式，推动农业农村现代化生产体系建设，是亟待解决的问题。

第 **4** 章

种养加一体化与农业农村区域发展特点

自 21 世纪开始，我国农业农村经济步入一个前所未有的繁荣发展期。我国粮食生产持续稳步上涨，实现了"粮食生产十二连增"，总产量稳定在 1.2 万亿斤以上，其他主要农产品亦喜获丰收，供应充裕，这对维护物价稳定、[①] 保障就业安全及强化社会保障体系发挥了至关重要的作用。然而，随着经济迈入全新发展阶段，农业所面临的内部条件与外部环境正经历着显著的变革。在此过程中，生态约束与资源限制的问题日益严峻，这使得对农业及农村环境实施有效管理的需求变得越发紧迫和重要。各地区在经济发展层次、农作物栽培与畜牧业结构规模以及水资源管理所面临的挑战上，推动农业生产流程中的减量化、再利用、再循环的不断发展，依据各地区的自然资源禀赋与社会经济背景，科学设定与当地特色相契合的种植业与畜牧业布局。提升农业资源的循环利用效能，并基于资源与环境的承载能力，对种植业与畜牧业的结构进行优化调整，促进规模化、一体化的种植、畜牧与加工体系建设，为农业的可持续发展奠定坚实基础。除特殊说明外，本章数据均来源于国家统计局。

 4.1 **农业农村种养加一体化存在的突出问题**

近年来，我国致力于提升资源利用效率，促进农业循环经济的稳步前行。因此引入了"资源高效型社会"的构建理念，并配套出台了一系列政策措施，通过增强投资强度、优化产业结构及健全政策法规

---

① 参见 2017 年农业部关于印发《种养结合循环农业示范工程建设规划（2017—2020 年）》的通知。

框架，大力推进节能技术的广泛应用，涵盖大型产业、生态环境保护及农村发展等多个维度，推广农村沼气利用。通过对传统农业向现代农业转型的深入探索，启动农村环境清洁工程，有效促进了人畜排泄物、农作物秸秆、生活垃圾及废水资源的转化。采纳了土壤养分精准管理、农药减量使用、干旱地区节水灌溉、保护性耕作等节水技术，提升资源与生产要素的使用效率，进一步推动农业的清洁化生产，为种植、畜牧与加工一体化的深入发展构建坚实的基础平台。但是，农业农村种养加一体化仍然存在一些突出问题。

1. 区域统筹合作效能未充分发挥

当前，我国通过多种融资渠道，稳步推动了养殖场标准化改造、沼气工程项目开展及秸秆资源化利用等多个项目的落地实施，并取得一定成果。国家还制定了一系列政策措施，然而由于这些政策在系统性构建与合作推进层面存在合力不足，导致个体行动频繁而整体协同性有待提升，进而影响整体推进效果，使得总体成果不够显著。此外，当前我国畜牧业正处于由传统粗放型向现代化集约型转型的关键时期，农村地区仍面临着畜禽排泄物过量排放、农作物秸秆无序焚烧等一系列亟待解决的突出问题。农业循环经济的税收方面存在激励措施单一的问题，对促进农业循环经济相关的科技进步与创新方面，缺乏充分的优惠政策支持。现有优惠政策分散，未能有效实现政策间的协同效应。资金短缺、信息闭塞、技术落后以及投资不足等问题，构成了农业循环经济持续发展的主要障碍，难以支撑农业循环经济长远发展。在以农作物栽培与畜禽养殖为主导的大型县域内，各类农业生产活动所产生的废弃物不仅密度高，而且体量巨大，加剧当地生态环境的承载压力，推动种植业与养殖业融合发展的策略迫在眉睫。①

2. 废弃物利用未能高效循环

尽管我国在农业生产效能方面取得了显著提升，但是在农业生产的量化指标、品质保障、总体规模扩展、结构布局优化、成本效率提升以及生态环境维护等多个方面，仍存在一系列问题。近年来在国家相关部门及地方政府的积极扶持与驱动下，农业及畜牧业废弃物的综合循环利用取得了较大进展。但持续有效的运营机制尚待建立，农业废弃物综合循环利用当前面临诸多挑战，生产成本偏高、市场化程度有限以及农户参与度不高等问题仍待解决。在秸秆的综合利用方面，秸秆储存与运输体系不完善，秸秆还田伴随成本高等问题阻碍了秸秆综合利用产业化步伐的深入推进。在畜禽粪便处理与资源化利用方面，沼气工程所产出的沼气发电尝试并网，却遭遇了实际操作中的障碍。同时，有机肥的推广进程迟缓等问题普遍存在。

3. 废弃物处理有待加强

随着农业集约化进程的不断推进与畜牧业的迅猛增长，化肥及农药的过量或不合理施用现象日益加剧，加之畜禽粪便未经处理直接排放，所引发的环境污染问题不断凸显。目前，中国化肥用量已严重超标，农作物亩均化肥施用量远超国际公认的安全上限，而化肥利用率却远低于世界平均水平；《第二次全国污染源普查公报》（2020 年）结果显示，全国农业源化学需氧量（COD）、总氮（TN）和总磷（TP）

---

① 参见 2017 年农业部关于印发《种养结合循环农业示范工程建设规划（2017—2020 年）》的通知。

排放量依次为 1067.13 万吨、141.49 万吨、21.20 万吨。与《第一次全国污染源普查公报》（2010 年）结果相比，农业源 COD、TN 和 TP 排放量分别减少了 19%、48% 和 26%。然而，由于农业面源污染涉及范围广，排放随机性大、隐蔽性强，溯源性差、潜伏周期长等显著特征（Adu et al.，2018；Jin et al.，2019；Rudra et al.，2020），导致其治理难度很大（杨林章等，2013；贺斌和胡茂川，2022），治理策略正面临严峻挑战（黄国锋等，2023），农业面源污染防控仍然是当前水污染控制与水环境改善的重点和难点（丘雯文等，2018；杨滨键等，2019）。

4. 种植业与畜牧业的联结有待加强

随着畜牧业的迅猛扩张，众多养殖场存在粪便量大且集中的问题。受制于季节性变化、农村劳动力匮乏、交通条件限制以及有机肥补贴政策不足等多重因素[①]，这些粪便资源正逐渐转变为主要的环境污染源。同时，高强度的畜禽养殖活动也在加剧该区域水质的恶化程度。这些地区缺少适宜的饲草料生产基地，导致粮食与饲料的供给结构不够科学合理，抬高了养殖成本，增加了有效饲草料供应的不确定性风险。应基于当地市场状况和政策导向，畜禽养殖种类的选择、规模、畜舍设计与设施选址等因素进行自主决策。

土地承包制度下，多数大型农场缺乏配套农田以处理畜禽排泄物，导致养殖与种植活动分离。农业经营者通常在不同区域进行多样化作物种植，由于耕作、施肥周期和用量的差异化，造成了种植业与养殖

---

① 参见 2017 年农业部关于印发《种养结合循环农业示范工程建设规划（2017—2020 年）》的通知。

业的分割。这种分离现象阻碍了畜禽产品资源的循环利用。我国当前农业园区中，超过70%专注于单一的农作物栽培或畜牧业生产。存在生产效率不高、产品增值能力有限及环境污染加剧等多重问题。部分农业园区采用了种植业与畜牧业相结合的双重经营模式，但是在实现两者间的有效整合、协同共进及整体提升方面遭遇重重障碍，阻碍了农业资源的充分高效利用。

5. 种养区域布局不合理

随着具备优势的农产品不断向特定区域汇聚，同一地区内在相同时间段内优势产品对水土资源的竞争态势逐渐凸显，这加剧了主要农产品结构均衡所面临的挑战。传统上采取的单一化种植方式，使得农业生产过程中蕴含着较高的风险，难以有效应对当前市场日益加剧的竞争态势。以往的功能定位与发展路径已难以充分契合当前发展的实际需求。我国畜禽养殖业发展缺乏科学指导和整体规划，导致畜牧产业空间分布不合理，种养脱节，部分区域养殖规模超出生态承载能力，引发了严重的粪便污染问题。从地域分布和环境容量上看，我国东部沿海地区虽然经济发展水平较高，但亦成为主要污染源。

华北地区种植业及养殖业都十分发达，但水资源短缺问题严峻，多年来华北地区采取了大量开采地下水的方式，使地下水位大幅度下降，已形成目前世界上最大的地下水漏斗区。

4.2 不同区域农业发展特点

在我国农业发展过程中，不同的区域根据其不同的自然条件、区位优势、社会经济条件、市场需求等因素形成了具有各区域发展特色的农业结构形式。虽然农业发展大多以地区优势产业为发展重点，但随着我国绿色农业的提出，一些地区种植业及养殖业分布已不再符合生态与经济良性循环的要求，亟须探索不同区域种养加一体化综合性发展的新方案。

4.2.1　北方平原区

1. 东北地区

东北地区主要包括辽宁、吉林、黑龙江三省和内蒙古东部，该地区夏季光照充足，温差大，生长期短，但热量不足。耕地面积近 200 万公顷，约占全国耕地的 1/5，是全国人均耕地量最高的地区，为全国平均值的 2 倍，由于耕地资源比较丰富，粮食生产重心由南向北不断偏移，东北地区成为全国重要的粮食主产区。该地区主要种植水稻、玉米、大豆等粮食作物，同时种养业规模大、集约化程度高，也是全国生猪、奶牛、肉牛等畜牧业的优势产区，畜牧业生产也具有举足轻重的地位。东北地区作为我国玉米结构调整和"粮改饲"试点的重点区域①，作物种植结构比较单一，农田用养失调，秸秆产生量大，处理问题突出，受气候条件制约，当地秸秆难以及时还田，致使土壤有机质含量明显下降，对农业的生态系统服务功能造成负面影响。农业废弃物不合理处置及大量化学品投入造成农业生态环境不断恶化。畜

---

①　参见 2017 年农业部关于印发《种养结合循环农业示范工程建设规划（2017—2020 年）》的通知。

禽粪便资源化利用水平有待提高，畜禽粪便的资源化再利用有待进一步推进，转化与应用过程中存在诸多障碍，同时存在农作物对有机肥料的有效吸纳不足的问题。

2. 西北地区

西北地区深居大陆腹地，地广人稀，涵盖了山西西部、陕西、甘肃、青海、宁夏、新疆以及内蒙古的西部（李彦娥等，2023）。依据自然条件，西北地区可进一步划分为干旱区、半干旱草原区以及黄河流域区这三大自然地理区域。水资源较少，生态环境脆弱，主要种植农作物有小麦、棉花、油菜、甜菜、玉米等。我国的畜牧业主要依赖于放牧模式进行饲养，这一方式导致了畜禽粪便资源的收集面临挑战，且农田利用效率相对较低。该地区作为我国主要的草原畜牧业基地，对自然草场的依赖程度极高，长期面临饲草料供应不足的问题。其气候特征主要表现为干旱与半干旱，降雨量稀少且分布不均。农作物生长速度缓慢，产量普遍偏低。农业生产主要依赖于旱作农业与绿洲农业两种模式，耕作及栽培方式相对粗放，尽管科技贡献率在农业领域逐年提高，但农业发展长期靠拼资源、拼投入的粗放增长方式并没有得到根本性改变（闫琰等，2019）。种植面积虽广但单位面积产量不高，且秸秆资源的综合利用率也处于较低水平。

3. 黄淮海地区

黄淮海区域涵盖了北京、天津两大直辖市以及河北省、山东省、河南省三个省份，地处华北平原的西部边际地带。这一地区地势平坦、人口密度大、气候温暖湿润、光照与热量资源丰富，土地开发程度高，是我国的主要农业产区之一，得益于肥沃的土壤、健全的水利设施和优越的农业生产条件，该地区的农业与畜牧业发展势头强劲，灌溉农业尤为发达，有效灌溉面积占比已超过总耕地面积的七成。主要采用小麦、玉米轮作的耕作制度，水稻、花生、棉花、大豆等作物也具有一定种植规模，畜禽粪便与农作物秸秆产生量大且集中，区域内协调资源环境保护压力大，是中国粮食产地中秸秆产量最多的区域之一。该地区是水资源匮乏地区，但在农业生产中需要大量水资源用于农田灌溉，违背了水资源与粮食生产同步的原则。目前，黄淮海地区人增地减、水资源短缺、环境污染、生态破坏已成为区域农业可持续发展的"瓶颈"。为确保土壤生态系统健康稳定、地下水资源免受污染以及大气环境质量维持在安全水平，需要对各类农业养分的生态循环过程进行科学规划与合理调控，实现资源的可持续发展。

4.2.2　南方丘陵区

南方丘陵地区主要包括广西、重庆、四川、贵州、云南、西藏。[①]该地区多山地丘陵，地形崎岖，冬温夏热、雨热同期，光热水资源丰富，地形多样，生物种类繁多，为农业的多种经营提供了有利的基础，加之河流众多，为农业的发展提供了灌溉水源。与我国其他地区相比，发展农业的自然条件较好，但由于酸性红壤土质粘重，更有益于发展林业。南方丘陵地区种植制度多样，一年两熟或三熟，农作物秸秆种类繁多，夏季主要种植水稻、冬季种植油菜或冬小麦，是我国水稻、

---

① 参见 2017 年农业部关于印发《种养结合循环农业示范工程建设规划（2017—2020 年）》的通知。

油菜、冬小麦、甘蔗的主产区，现代农业在丘陵地区所占的比重很少，传统的耕作方式仍然占据主要地位，因此，粪便管理与处理的复杂性显著提升。生猪养殖虽占据主导地位，但散养户与规模化养殖场并存的现状，使得粪便收集与处理难度加大，进而引发了粪便的无序排放问题，对小流域水体环境造成了严重污染，生态环境因此承受了巨大的负担。

4.2.3　南方平原区

南方平原区主要包括上海、浙江、福建、江西、湖北、湖南、广东、海南、江苏以及安徽。该地区气候高温多雨，热量和水分充足，地表河湖沟汊密布，灌溉条件良好，耕地多为水田，水田占全区耕地面积的 70% 以上，盛产稻米、油菜、茶叶等。由于近年来，农田面积在该区域显著减少，南方地区农业生产力急剧下降，导致我国食物生产重心逐步向水资源匮乏的华北地区转移。同时，该区域河流湖泊众多，水面广阔，为淡水鱼繁殖与养殖提供了适宜条件，成为全国淡水渔业发展最快的地区。然而，广阔的河网地区面临较高的水体污染风险。当前，我国生猪养殖业比重偏高，珠三角地区生猪存栏量已超出耕地承载能力；长三角地区虽有容纳潜力，但发展空间有限；长江中游地区生猪养殖业已接近饱和承载量；淮河下游地区仍有较大的发展潜力；丹江口地区生猪饲养量与耕地容量基本平衡。同时，南方平原水网区面临畜禽粪便污染、秸秆资源化利用率低以及种植与养殖活动分离等突出问题。

第 5 章

农业供给侧结构性改革
驱动下种养加一体化
发展机制与发展模式

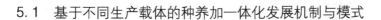

5.1 基于不同生产载体的种养加一体化发展机制与模式

5.1.1 稻田立体种养模式

稻田是农业湿地的主要形态，稻田立体种养模式是我国最早的湿地农业立体种养模式，以稻田养鱼最具代表性。中国稻田养鱼已有2000多年的历史。从考古资料推算，稻田养鱼早在公元100年前就已出现在汉中盆地勉县的双季稻田中。

如今，稻田综合种养广泛分布在我国水稻产区，四川、湖北、湖南、江西、贵州、云南、辽宁、浙江和江苏等地的稻田养殖面积较大。

1. 稻鱼共生机制

稻田养鱼充分利用稻鱼共生互利的机制，田鱼以稻田里的杂草和害虫为食，鱼的排泄物可以作为有机肥，鱼在稻田中来回游动，翻动泥土，起到松土作用，有利于水稻分蘖和根系的发育。水稻为田鱼遮阴，还提供了氧气和饵料。

2. 稻田养鱼的综合效益

（1）生态效益。鱼粪肥田，还可以吃掉部分稻田的害虫和杂草，减少了化肥、农药的投入，缓解了化学投入品对农田环境的污染。自2005年开始，农业部先后在13个省（区）建立了19个稻渔综合种养示范点，示范面积 100 多万亩，辐射带动近 1000 万亩。从示范效果看，水稻亩产稳定在 500 公斤以上，稻田增效接近 100%，农药使用量平均减少 51.7%，化肥使用量平均减少 50% 以上。[①] 通过增高并加固田埂，以及挖掘鱼沟等工程措施，每亩稻田能够蓄积超过 200 立方米的水量，进而达到抗旱保水、调节田间微气候的效果。

（2）经济效益。稻田养鱼通过"水稻＋水产"，实现了"一地双用、一水双用、一田双收"[②] 的发展愿景。该模式在浙江省的全面推广，取得了良好成效，推动了农村经济繁荣和农民收入增加。浙江省为此设定了"百斤鱼、千斤粮、万元钱"[③] 的发展目标，大力推广通过养鱼稳定粮食生产并增加农民收入的理念。

（3）社会效益。稻田养鱼有效带动了产业融合和农民增收，浙江青田地区的稻鱼共生系统被誉为中国的首个"全球重要农业文化遗产"（朱志平和王思明，2021），吸引了国内外众多游客前来探访。近年来，国家对农村生态保护的重视程度日益提升，政策扶持力度也不断加强，为青田地区的渔业经济发展注入了强劲动力。青田县龙现村的居民不仅致力于稻米种植、鱼类养殖及渔家乐经营，还积极推动休闲农业与乡村旅游的融合发展。该村通过旅游业获得了可观人民币的收入，且其制作的田鱼干产品也远销至欧洲与美洲市场。

3. 稻田立体种养的其他模式

稻田除了养殖田鱼以外，还可以养殖多种水产品和禽类，如鸭子、

---

① 大力发展稻渔综合种养助推渔业转方式调结构［EB/OL］. 湖南省农业农村厅官网，2017－04－17.
②③ 稻田综合种养：农民增收的新途径［EB/OL］. 湖北农村资产交易管理信息平台网站，2017－07－29.

青蛙、小龙虾、罗氏沼虾、黄鳝、泥鳅、鳖、蚌等，形成稻—鱼—鸭、稻—鳖、稻—虾、稻—鳅等多种立体种养模式。

4. 稻田立体种养的成本收益调查

依托全国大宗淡水鱼产业经济体系综合试验站，对部分地区的稻田综合种养的成本收益情况进行调查，数据显示稻田立体种养大大提高了亩均收益，四川崇州的稻田综合种养示范显示，与常规单一种植水稻相比，稻—鱼、稻—鳖—虾、稻—鳅、稻—虾四种综合种养模式亩均纯收入均有所增加。

稻田综合种养收益增加的主要来源有两部分。一是收获了水产品，增加了稻田产出的产品，也增加了生产收入。二是综合种养条件下的水稻产量可能减少，但是水稻品质明显高于普通稻田，例如，浙江省不少示范点也打造出了"太阳米""仁溪"牌生态米等品牌，平均销售价格远高于本地单一种植的稻米价格。通过高于普通水稻的收购价格，弥补了水稻产量减少的损失。

5. 其他水田湿地的立体种养模式

适宜湿地环境生长的水生作物也可以形成立体种养模式，较为典型的有莲藕、茭白、水芹、荸荠、菱等，围绕这些作物种植形成了一系列的湿地立体种养模式。

传统的稻田养殖依赖于小规模的家庭经营，确保本地社区的食物自给自足。然而，随着社会经济状况的显著改善，消费者对农产品质量的期望值不断攀升，这一转变促使稻田养鱼作为一种高效生态农业实践而受到重视。现代稻田综合养殖模式不仅要求先进的技术支持，还需要充足的资金投入，以确保其可持续发展。因此，在实际推广与应用过程中，如何克服技术与资金方面的重重障碍，成为了亟待解决的问题。一是稻田养殖所需的基础设施建设成本高昂，养殖过程中不仅要挖掘沟渠、加固田埂，还需要完善田间道路、供水排水系统及电力配套工程，成本较大。二是技术服务体系尚不健全，基层农业技术推广机构缺乏兼具种植与养殖技能的复合型人才，社会化服务供给不足且综合服务能力有待提升。三是政策扶持力度存在不足。当前的优惠政策多集中于示范区域，针对稻田综合种养的全国性普惠政策相对匮乏。四是产业化运营水平偏低，尽管我国水稻种植面积广、单产高、总产量大，但在品种选择与区域布局上仍存在问题。稻田综合种植与养殖存在区域分散，整体推进力度不足，经营实体规模较小、实力较弱等问题，难以实现规模化、集约化经营。

5.1.2　池塘立体种养模式

鱼塘构成了一个复杂而精细的生态环境体系。在这个生态环境体系中，构建出多层次、多样化的大小及形态各异的生态系统。池塘底部孕育着多样的陆生植被，水体内部包含各类鱼类、水生植物、昆虫、藻类、真菌、细菌及病毒等多种生物的栖息地，同时还包含着丰富的有机物质与无机盐类。这些生物与资源之间存在着一种高度复杂的相互关联关系，涵盖了滋养共生、互助共生及相互制衡等多个维度。应不断了解、精准把握并巧妙运用这些元素间的动态平衡，推动立体种养模式的深入发展，实现经济、社会及环境三大效益的提升。

1. 桑基鱼塘模式

桑基鱼塘在我国长江三角洲、珠江三角洲等地区发展历史悠久，是先民们利用地势低洼、河网密集的自然条件创造的土地利用方式。桑基鱼塘模式的基本流程是农田区域种植桑树，利用池塘环境进行鱼类生态养殖，同时采摘桑叶以饲养蚕蛾，将蚕蛾的排泄物蚕沙作为鱼类的天然饲料，再收集池塘底部的沉积物塘泥用以覆盖农田并滋养桑树生长，将池塘中剩余的水资源有效利用，进行稻田的灌溉作业。这一系列步骤构成了一个循环互利的生态农业系统。鱼塘底部累积的厚重淤泥被采挖并转移至邻近的塘基地带，用作促进桑树生长的优质肥料。将池塘的底部区域开辟为桑树的种植区，随着降雨的持续洗礼，桑树地块土壤中盈余的营养元素逐渐渗透至鱼塘之中，这些营养元素在微生物的作用下分解转化，形成了有机肥料。在养蚕作业中，产生的多余蚕蛹与蚕沙被用作鱼类的饵料及鱼塘的肥力补充，从而使得系统内盈余的营养物质与废弃物得以持续而高效地循环利用。这一系列过程构成了一个闭环的生态循环系统。

湖州的桑基鱼塘在长三角地区具有代表性，湖州桑基鱼塘位于太湖南岸的低洼地，又名古菱湖湖群。每当雨季，西面天目山山脉的大量山洪水通过东苕溪和西苕溪进入当地的低洼地，经常引发洪涝灾害。千百年来，区域内劳动人民通过修筑"纵浦横塘"水利排灌工程，并针对地形特征，对低洼区域进行了深度挖掘，形成鱼塘。挖掘过程中产生的泥浆物质，被用于鱼池周边，作为支撑结构的基础层。逐渐形成综合性循环的农业模式，该模式以"塘基植桑、桑叶育蚕、蚕粪滋鱼、鱼肥池塘、淤泥育桑"为循环链条。

（1）从生态效益看，在养殖周期内，蚕茧及蚕沙被作为鱼塘的饵料和肥料，鱼塘底泥富含有机质的淤泥则被挖掘并运送至周围的塘基以供桑肥使用。由于池塘基地设计为斜坡，雨水的冲刷促使塘基的养分回流入鱼塘，实现养分循环利用。此系统能够有效内部化养分与废物，对外部环境影响降至最低，基本实现"零"污染。桑基鱼塘系统不仅优化了生产生活用水，还通过地下水渗透补给机制，维持了区域地下水资源可持续性。桑基鱼塘系统是生产、生活用水的重要来源。对缓解洪涝灾害将发挥重要作用。利用渗透原理，能够向地下补给水资源，维系周边地下水位稳定和保障长期供水安全，桑基鱼塘系统作为一个大型的水资源储存库，蓄洪调旱，不可或缺。桑基鱼塘系统的大面积水面，通过植被的蒸腾作用，增加了周边环境的空气湿度，有效延缓了土壤水分的散失速度，并促进了地表水与地下水资源的积累。同时，采纳桑基鱼塘系统，能够调控该地域的微气候特征，有助于改善自然环境，对缓解干旱等极端气候事件具有积极影响。塘底清淤的螺蛳壳用于铺设田间道路，就地取材，降低材料成本，而且用螺蛳壳铺的道路透水性好，与周围的环境浑然一体。

（2）从经济效益看，鱼塘主要养殖青鱼、草鱼、鲢鱼和鳙鱼"四大家鱼"，湖州地区一般每公顷桑园可养蚕60张，收茧2250千克，每3.5千克蚕茧制作1条丝棉被，共可制作丝棉被642条，每条丝棉被市场销售价格为300元，故每公顷桑园收入为19.26万元；每公顷鱼塘可生产鱼15000千克，每千克鱼市场销售价格为16元，故每公顷鱼塘收入为24万元。2024年湖州桑基鱼塘地区农户人均桑地和鱼塘面积为0.046公顷，桑基与鱼塘比例为3∶7，农户人均桑地收入约为2700元，鱼塘收入为7800元，此外人均可养1头羊，收入2000元；套种蔬菜、大豆等作物收入为 1000 元，农民人均农业生产性收入可达到 13500 元。①

从湖州桑基鱼塘面临的主要问题看，一是蚕茧、淡水鱼市场价格不稳定，农民对于产业前景信心不足，弃桑不管、有桑不养蚕的现象越来越突出；二是种桑养蚕劳动力减少、老龄化问题突出，不少鱼塘被迫撂荒或管理不善，结果导致许多基塘系统自行萎缩、退化与消失。

除了桑基鱼塘以外，不少地区的劳动群众还因地制宜创造了蔗基鱼塘、果基鱼塘、菜基鱼塘，即在塘基上种植甘蔗、果树、蔬菜等。

2. 鱼菜共生模式

鱼菜共生就是在不改变或基本不改变水产养殖原有模式的情况下，在鱼塘水面种植适宜水中生长的植物，通过吸收水中的富余营养物质促进植物生长，同时使水体中的富营养物质从池塘转移到水生植物上，从而形成从养殖鱼类到浮床植物的立体生态循环利用，实现了池塘水质的原位净化和节能减排。鱼菜共生通常采用无土栽培技术，需要制作浮床，将蔬菜苗固定在浮床上的定植板上进行水培。

从效益看，池塘鱼菜生态种养模式实现了水面种菜、水中养鱼，既调节了池塘水质增加蔬菜收入，又不影响池塘养殖鱼类生长，使养殖效益大大提高。具有净化池塘水质，光合作用增氧，降低池塘水体富营养化，提高水产品质量，形成池塘景观，增加卖菜增收，减少水电药等成本投入等优势。②

---

① 上述数据为作者通过调研获得。
② 水产养殖节能减排技术［J］. 中国水产, 2015（10）：61－68.

国家大宗淡水鱼产业技术体系兰州综合试验站通过鱼菜共生示范，养殖户认可度提高，种养面积不断扩大。通过种植多个品种进行比较，从生长和产量上看，空心菜效果最好，每平米产菜 18.5 公斤。每亩池塘按 6% 的比例种植空心菜，一年收割 3 茬，每亩池塘可产菜 740 公斤，每公斤菜售价 5 元，亩均增加直接经济效益 3700 元。[①]

国家大宗淡水鱼产业体系北京综合试验站开展了池塘种植水稻的实验示范，初步取得了良好的效果。

5.1.3　林下立体种养模式

林下经济的发展涉及对林地空间及森林资源的立体化综合利用。我国林下经济的实践与运用已拓展到 6 亿亩林地范畴，涉及各类经营主体约 95 万家。我国林下经济的发展状况积极向上，年产值从 2013 年的 4575 亿元增长至 2022 年已突破万亿元大关。[②] 林下经济为我们提供了多样化的森林食品及中草药资源，涵盖了林菌、林药、林茶、林蔬、林间养殖的家禽、林间放牧的牲畜以及林蜂产品等。2024 年我国林禽产量高达 49 亿羽，而林畜存栏量亦超过了 5000 万头。[③] 同时该经济模式在全国范围内吸纳了约 3400 万从业人员，形成了庞大的就业群体，林下经济年人均收入超过 10000 元，对国家粮食安全及"健康中国"战略贡献显著。

---

① 上述数据为作者通过调研获得。

② 我国林下经济取得新进展 2022 年年产值超 1 万亿元 [EB/OL]. 央视新闻客户端，2023 – 11 – 14.

③ 我国森林食物发展取得阶段性成效 为粮食安全打足底气 [EB/OL]. 国家林业和草原局 国家公园管理局官网，2024 – 10 – 21.

1. 林下养蛙

林蛙是东北绿色原生态特色产品，与"人参、鹿茸角"并称"东北三宝"。林蛙养殖对环境、水质、土地、空气要求都非常高。辽阳市辽阳县下达河乡位于辽阳东南，汤河水库西支上游，林地面积10400 公顷，耕地面积 1541 公顷，河流、河滩面积 667 公顷，环境得天独厚，非常适合林蛙养殖。依托得天独厚的地理条件，辽阳县下达河乡大西沟村从 2020 年开始引进发展林蛙养殖业，并不断延伸产业链，全力打造"全国林蛙第一乡"。经过几年的人工繁殖，到 2023 年底，大西沟村林蛙存栏高达 260 万只。首批成蛙及林蛙油、面膜、药酒、化妆品等林蛙深加工制品投放市场后，不仅为村民提供了就业岗位，还为村集体带来可观的收入。2023 年，大西沟村人均收入 2.2 万元以上，较 10 年前增加了 10 倍。全乡 8 个村有 4 个村集体收入超 10 万元。①

2. 林下养鸡

浙江省磐安县园地、林地资源十分丰富，有茶园、桑园、果园、竹园和荒山林地（张棋等，2011），这些自然资源被视为推动当地农民实现经济增收的重要途径。磐安县将经济林的培育作为农业产业结构优化的核心策略，充分发掘并高效利用"四园"及"一林"的资源潜力，在大盘镇及其周边区域，建立了多个规模化野生肉鸡养殖基地，促进"山林（地）育草、草为鸡食、靠鸡除虫、鸡粪育草"一体化模式的实现。

---

① 辽阳县政府网站。

3. 林下养猪

浙江松阳县是浙江省九大重点林区县之一，土地面积为 210 万亩，其中林业用地为 170 万亩，占总面积的 81%。[①] 松阳县积极发展林下养殖，探索了多种模式，主要有"竹笋林＋姬松茸"的竹茸模式，"香榧＋香菇"的榧菇模式，"经济林＋家禽"的林禽模式，"生态山沟、丘陵地＋石蛙、野猪"的生态养殖模式。

5.2　基于不同生产主体的种养加一体化发展机制与模式

5.2.1　农户庭院的种养一体化模式

1. 北方"四位一体"模式

"四位一体"的生态模型将自然调控与人为干预措施相融合，采纳了沼气与太阳能这两类可持续的能源供应、保护性大棚蔬菜栽培技术、日光温室环境下的生猪养殖以及生态卫生设施四大因子。构建了一个自然调控与人工调控相结合、资源高效利用的生态农业系统。该系统将太阳能和沼气作为核心能源供应，沼渣与沼液被有效利用作为有机肥料来源。确保蔬菜种植与猪、鸡养殖在能量流动与物质循环层面形成了良性互动。该模式不仅在提升资源利用效率方面展现出了卓

---

① 打造"田园松阳"区域品牌 推进生态休闲经济发展 ［J］. 浙江林业, 2015（9）: 12 – 13.

越的性能，而且整体效益显著。在冬季，该模式可提升我国北方室内外温度到30℃以上，以确保温室作物生长及畜禽养殖、沼气发酵的安全，展现出显著的综合效益。

该生态模型采用生物转换技术，在同一片土地上整合了节能型日光温室、沼气发生装置、畜禽饲养舍以及蔬菜栽培形成综合性系统。构建了一个能源与肥料生产同步、种植与养殖并行的生态系统工程。该系统优化了秸秆资源利用，实现了有害物质向有用资源的转化，有效缓解环境污染，并为人类提供了能源和有机肥料，显著提升了生态环境质量。

2. 南方"猪—沼—果"

"猪—沼—果"生态系统结合了传统农耕智慧与现代农业技术，以沼气为中枢纽带，形成了一种高效的农业生产技术体系。该系统以家庭为单位，在山区、田间、庭院和水域等的基础上，以养殖业为核心，构建了集沼气池、猪舍、厕所于一体的三位一体工程。通过综合运用沼气、沼肥、沼液等资源，形成了一种标准化方法，通过构建"循环农业"体系，将生态原则融入农业生产实践中，通过运用生物技术及其他当代科技工具，实现资源的高效配置与环境的持续优化，将沼气工程整合进农业生产体系。沼气发酵作为一种农业废弃物处理方式，能够强化农业生态系统中生产者、消费者及分解者间的微生物循环过程，能促进农业内部物质转换，提升农作物产量，构建紧密联结。

3. 西北"五配套"模式

"五配套"模式针对中国西北干旱区的气候特点，根据农户的土地资源状况，将沼气作为主要媒介，构建一个融合农业、畜牧业、湿地及果树栽培的良性循环体系。选定一处规模约5亩的果园作为核心生产区域，并在果园内部或农户居所周边配置一个容量8~10立方米的蓄水池，10~20平方米的猪圈或家禽舍（含4~6头猪，20~40只鸡），以及10~15平方米简易看护室。该系统中，沼气作为核心，联结并实现了农业资源的内部循环；水窖不仅满足人、畜饮水和沼气池用水需求，还弥补了果园灌溉、穴灌用水的缺陷；养殖业（养猪和养鸡）旨在实现沼气生产、果树生长的果牧结合，促进高效利用和节约水资源。

5.2.2　家庭农场的种养加一体化模式

1. 平原地区家庭农场的种养加一体化模式

家庭农场采纳"三分离、二配套、一结合"策略体系，该体系涉及雨水与污水的分流、干湿区域的隔离、清洁通道与污染通道的区分，以及沼气池、沼液储存池与种养一体的多元化融合。采取污染控制及资源综合利用的具体措施涵盖：（1）人工收集清运畜栏粪便，并堆置于沉淀槽内进行发酵，最终用作果园、蔬菜和苗圃等地的肥料；（2）畜粪及清洗废水通过收集沟渠导入沼气池进行厌氧发酵处理，产生的沼气作为场内生活的能源供给，而沼液则通过使用泵送或水流方式用于农田，作为有机肥使用。

工艺流程为：

第一步，干粪→污物通道→干粪堆→农作物肥料。

第二步，尿液等稀粪、冲洗水→污水通道→沼气池→厌氧发酵→

污水管道、污水泵、自流、抽排→田间池→作物肥料。

在小农户种养分离的趋势下，采纳适度规模农业经营模式成为我国畜禽粪便污染治理及提升农业生产质量与效率的关键途径。针对家庭农场规模，实施种养一体化需配备相应设施及政策支持，具体来看主要有以下四个方面。

一是用地配套。牲畜养殖的发展需要依托于充足的耕地，涉及对农田承载力的解析。不同耕作方式对粪污的吸纳能力存在显著差异。为降低粪便运输成本和便捷运输，农场应尽可能邻近耕地。在吸纳能力不足时，需解决粪便处理问题，因此必须配备相应的收集、储存和运输设施及车辆。

二是工程配套。"种"与"养"相结合的模式，即农业与畜牧业的关联，涉及粮食、饲料和粪便等资源的循环利用。粪便作为肥料使用，不仅促进了粮食生产，而且提升了资源利用效率。在中间联结环节中，相关部门往往承担着建设粪污处理与储存设施的任务，例如沼气池与堆肥场的构建，在规模化畜禽养殖行业中，需要由专业的设计团队全面规划整体流程。利用畜禽粪便并减轻环境污染，可在养殖场周边配置大型发酵系统，将畜禽排泄物发酵处理，并将发酵产物输送至农田。此外，综合种植与养殖的农场还需配置基础设备与田间辅助设施，例如用于沼液与沼气输送的管道网络，以及用于农田沼液灌溉的专用沟渠系统。

三是产业配套。农场产业链条的完整性不仅依赖于种植业与养殖业，还需要与产品加工、服务业等产业协同，以确保流通的连贯性，实现废物循环利用与零排放目标。

四是政策配套。相较于单纯依赖种植业或养殖业，将种植与养殖一体化能够在一定程度上减轻产业单一带来的市场风险（张灿强和张恒儒，2020）。例如，生猪市场的周期性波动导致价格波动，影响盈利。种养结合虽能缓解此类风险，但涉及土地、基础设施、粪便处理和工业支撑等多个复杂环节，任何环节的故障都可能影响整个供应链的稳定性和功能，而重建则需要额外投资。因此，维护生态稳定性至关重要。应加强政策扶持，其中包括基础设施、粪便管理、土地利用和产品价格风险管理等方面的政策措施。

2. 丘陵山区家庭农场的种养加一体化模式

位于山地、丘陵的家庭农场或生态农庄的种养加一体化模式与平原地区基本一样，不过山区可以利用高低落差优势，一是可以将养殖场建在海拔较高的地方，形成"畜禽上山"，沼气池、沼液池等粪污处理设施也建在山上，粪污经过干湿分离后，干粪发酵制作有机肥，用于养殖场周边的种植基地，因为存在高差，沼液可以顺流至山下的种植基地，当然，根据品种用肥需求，可以铺设喷滴灌设施。二是养殖场可以设在山下，在山上开挖蓄肥池，蓄肥池总体积不少于猪场3个月的废水产生量，尿液污水经过厌氧发酵后，通过高压泵抽到山顶的蓄肥池。山地主要种植果树、苗木，也可以套种牧草、蔬菜等。蔬菜牧草可用作生猪的青饲料，整个发展模式做到了"农场小循环"，通过"猪—果（蔬）"配套，做到了粪污就地消纳，实现了零排放、零污染。同时，农场还可以发展休闲观光农场。

从经济效益看，使用发酵处理的有机肥，农场每年可节省化肥34吨左右，折合人民币10万～15万元。果园中栽培的紫薯与萝卜等农产品，被用作母猪饲料，这有效降低了母猪的饲料成本，每头可节约

20元。六年生果树平均亩产可增加230公斤，而且果子的口感增加，市场售价比其他地方每公斤高1.0元。

从生态效益看，施用有机肥后，农场的土壤结构得到改善，土壤肥力增加，促进果树、苗木的生长，提高抗逆性，夏季抗旱能力明显提高，减少旱灾损失25%～30%。[①]

从社会效益看，农庄积极为本地蔬菜种植户无偿提供无害化处理的粪肥，并指导他们规范种植有机蔬菜，供游客采摘体验。通过构建"合作社＋种植基地"的协作机制，有效助力周边农户提升经济收益。

5.2.3　企业的种养加一体化模式

企业的种养加一体化模式分为两类，一是在企业内部实现了种养加的一体化，二是企业作为种植业和养殖业的废弃物处理中心，以沼液、有机肥等产品的形式连接种养加一体化链条。但目前来看，企业的种养结合面临诸多困难与问题，例如，第一，尽管该公司生产的商品有机肥符合相关的标准，但农业生产部门对污泥有机肥的认可度低，用于大田作物的比重小。第二，用地难，由于没有建设指标用地来建设蚯蚓养殖厂房，公司现在的处理能力还远远没有达到设计产能。第三，成本上升，尽管得到政府部门的扶持，但是成本上升较快，盈利水平下降。第四，融资难，由于缺少抵押物，只能用股东的个人房屋进行抵押。

---

① 本部分数据均由作者调研获得。

第 **6** 章

我国农业产业科技创新效果、体系构建路径模式

6.1 目前农业产业科技创新效果及存在的问题

目前，我国农业科技的整体实力已升至世界第二梯队，自 2018 年起，中国农业总体科技论文竞争力指数和发文量连续排名全球第一①，在超级稻、转基因棉花和禽流感疫苗研发等方面取得一大批世界领先的突破性成果，国际影响力和竞争力日益提升。农业科技对现代农业发展的支撑引领能力显著提升（刘培磊等，2021），2023 年农业科技对我国农业发展的贡献率已高达 63%。我国农产品生产效能持续提升，良种覆盖率已超过 96%，且各类作物品种对单产提升的贡献率达到了 45%。同时，畜禽与水产的核心种质资源自给率分别超过了 75% 和 85%，农作物机械化播种与收获的比例也达到了 73%。② 科技进步在确保国家粮食安全、保障重要农产品供给、增加农民收入及推动农业绿色发展方面扮演着关键角色。

但是，对照抢占国际竞争制高点和推动农业农村高质量发展的要求，仍然存在明显短板。

一是农业前沿基础研究薄弱。在基因编辑、生物合成、信息技术等前沿领域缺乏自主知识产权；在水土质量、农业生态、自然资源领域缺乏长期系统的科学观测；农业节水、耕地质量、农业气候资源、遗传资源等底数没有系统数据变化，没有定期监测预警。创新能力方

---

① 我国农业总体科技论文竞争力指数全球第一 [N]. 人民日报，2024 – 12 – 13.
② 农业农村部：2023 年我国农业科技进步贡献率达 63.2% [EB/OL]. 央广网，2024 – 07 – 24.

面仍存在短板，且农业科技成果转化率低，经济效益有待进一步加强。

二是大部分农业学科领域仍处于国际跟跑地位。在重大育种价值的关键基因挖掘、新化学实体农药兽药创制关键技术、化肥替代技术、智慧农业技术、农产品精深加工技术等关键核心技术上与发达国家存在较大差距。

三是优良动植物品种、智慧农业核心设备、大型智能农机装备等受制于人。我国玉米、大豆单产水平仅分别为发达国家的54%、52%左右，国家小麦改良中心尚没有现代气候模拟设施，"洋种子"控制着高端蔬菜种子50%以上的市场份额。我国生猪、蛋鸡等畜禽养殖量世界第一，但白羽肉鸡、种猪、种公牛等核心种源的对外依存度分别为100%、90%、70%。[①] 农机装备的定位变量、智能控制、农机农艺配套和联合复式作业机具不足，传感器等智慧农业核心设备严重依赖进口。

四是节本优质绿色核心技术严重短缺。畜禽水产养殖、农业资源环境、废弃物资源化利用等技术储备不足。亟待建立符合市场需求的农产品、投入品、农业投资、人力资源等产品与要素信息监测预警体系。

五是农业科技人才短缺。农业发展科技人才缺乏，阻碍技术转移和创新链的建设，许多农业科技创新项目因缺乏专业人才支持而进展缓慢，创新成果不足。农业科技人才流失严重，也加剧了这一问题。

6.2　农业科技创新需求变化分析

随着我国城乡融合发展战略的深入实施，中国正加速从一个农业

---

① 张红宇. 如何牢牢把握粮食安全的主动性［N］. 光明日报，2020 – 04 – 14.

大国蜕变为农业强国。农业与农村地区的发展发生了巨大变迁，从高度依赖传统劳动力转向了"返乡创业"，昔日里落后的乡村正逐步转变为更加宜居的美好家园。在此背景下，"三农"已成为中国经济可持续增长的关键因素。在政府的政策扶持与市场机制的引导下，新型"三农"关系产生了对科技的迫切需求，具体表现为以下四个新趋势。从科技需求格局方面来看，农业生产的需求正迅速向涵盖生产、生活及生态的多元化需求格局转型（虞洪，2017）。在"五位一体"总体布局的合作发展策略引领下，农村对科技的需求日益多元化。农民通过运用科技力量改善生产条件，提升生产效率，需求不再局限于传统的种植与养殖技术，不断扩展至生态保护、循环农业、安全生产及健康养殖等技术与标准方面（虞洪，2017）。农业技术推广人员需要从多维度深入理解农民需求，提供更为优质、高效的服务。在新农村建设不断推进的背景下，农民的居住模式正由分散向集中转变。对改善居住条件的生活科技需求持续增长，其中包括新型建筑材料、饮水安全、污水处理和固废处理等领域。

从科技需求类型方面来看，农业的科技需求类型正从生产、经营、管理等方面的单一需求向综合需求转变。农业现代化作为以提升资源使用效率与生产效能为核心的新型发展模式，其构建基础在于工业化进程推动下的现代农业产业结构优化。农业现代化涵盖产业结构升级、组织结构优化及制度创新三大方面。传统农业运营模式往往侧重于经济效益，随着产业向集约化、高效化及集中化趋势发展，农业的功能已延伸至生态保育、教育功能、文化遗产传承及休闲活动等多个方面（虞洪，2017）。经营主体对技术的需求由原先单一的生产模式转变为涵盖生产、经营与管理在内的综合技术需求。依托物联网、云计算等新一代信息技术的智慧农业新兴业态逐渐发展为新的农业发展模式。这种模式下的需求范畴不再局限于传统的种植技术，不断转向种苗选育、设施栽培、农产品深加工、休闲农业的全面发展，也包括品牌推广、网络营销与现代管理技术等多个方面的发展。

从科技需求主体来看，当前，市场需求从传统的农民主导模式转变为多元化的新兴模式。体现了我国城乡融合步伐的加快，进一步推动了城市化和工业化的迅猛发展，但随之而来的是农村"空心化"现象的加剧，农业兼业化趋势的明显，以及农民"老龄化"问题的日益凸显。导致超小生产模式的农户数量减少，农业经营方式趋向单一化，从商品经济向自给自足经济呈现逆向转变，农业科技需求降低，其中，农业兼业化和粗放化程度不断提高。随着我国农村经济结构的持续优化调整，纯农户占比由 11.18% 下降至 2.9%，兼业农户占比由 55.54% 大幅上升至 73.89%，而其他类型农户占比则由 33.28% 调整至 23.21%（张琛等，2019）。这一过程中，新型农业经营主体如家庭农场、合作社和农业产业化龙头企业等迅速崛起，其商业化和盈利性驱动了对新技术、新模式和新观念的迫切需求，增加了现代农业技术的需求。因此，需要将适应传统经营方式的农业科技资源配置与服务模式，转变为与规模化、专业化、园区化、产业化和一体化发展相契合的科技资源综合供给模式。

从科技需求内容方面来看，当前针对科技的需求已经从广泛的共性需求转向个性化需求。城乡融合的发展态势重塑了生产模式，提升了民众的生活质量，并加速了科技需求的个性化演进（虞洪，2017）。这根植于科技发展的内在逻辑之中，我国农村地区正经历着一场从传统生产方式向现代生产方式转变的深刻变革。一方面，在现有技术的基础上加大技术研发力度，提升产品的独特性和市场竞争力。另一方面，在农民生存形态上，随着经济收入增加和城市化进程的加快，对生命科技的需求得到满足。这些科技发展特点表明，现有技术资源供应模式已不适应农村经济发展的需求，需要适应新形势下的科学技术发展趋势。

6.3　农业产业科技创新路径模式

6.3.1　农业产业科技创新体系构建路径方向

以推动农业供给侧结构性改革和一二三产业融合为主线，以农产品加工为导向，重点突破一批核心关键技术并集成建立配套技术系统，引领支撑建立现代农业生产体系。针对不同产业和不同区域农业发展的重大科技问题与制约瓶颈，以跨单位、跨层级、跨学科协同攻关的方式，重点谋划和部署一批重大科技任务，建立全国协同攻关网络，构建支撑现代农业发展和保障国家粮食安全的综合技术体系，探索不同产业和区域农业关键问题的优化解决方案，重点在重要农产品主产区、特色优势农产品产区、典型生态区建立科学、规范、可复制、可推广的综合生产技术模式。

从科技供给的角度来看，我国的发展策略从原先的城市中心导向逐渐转为城乡融合发展。我国科技资源主要集中在城市区域，四川省的科技资源主要集中于成都、德阳和绵阳，这三个城市的科研人才占比高达全省的66%，同时，城乡每万人拥有科技人员的比例悬殊，约为 9∶1（虞洪，2017）。四川省正积极推动服务平台的建设，加速重点实验室、省级工程技术研究中心及科技合作组织的构建进程，还加快农业产业化领军企业与农民专业合作社的发展步伐，强化农村信息化基础设施建设。在此基础上，明确提出加速实施创新驱动发展战略，加大对创新型人才的培育力度。截至 2023 年 3 月，四川省组建 25 个国家级科技特派团与 120 个省级科技特派员服务团体，并派遣 2577 名省级科技特派员进行推广。为落实"三区"技术人才发展计划，培育乡村创业与扶贫领域的领军人物及新型职业农民，预计总人数将超过 4 万人。建设国家农业科技园区 11 家，调整优化布局省级农业科技园区 43 家。深化科技助力乡村建设和乡村治理，启动涉藏地区科普赋能行动，开展文化科技卫生"三下乡"、科普活动月活动，布局建设一批基层科普基地，在乡村建科普驿站或开通流动科技馆。通过实施科技特派员制度，在全省有效地推动了科技资源由城市向农村的流动，显著缩小了城乡间的"科技鸿沟"（虞洪，2017）。

从资源配置的角度来看，从原先的分散割裂逐步转化为平台化整合的新模式。在我国，科研计划的制定往往针对各个发展阶段，缺乏全局性的顶层规划与综合布局，存在科研链条和资金链条断裂现象。我国科研管理机构间的信息交流存在明显的障碍，这加剧了资源分配的碎片化。在促进科技的城乡深度融合进程中，对种植、养殖、农产品加工等多领域进行整合优化。建立"四位一体"的科技服务模式，优化资源的配置与流通，实现科技服务与成果转化的深度融合，有效推动科研成果向现实生产力的转化。通过政府引导下的多元化投资主体机制建设，促进不同地区间的科技资源共享，提高科技成果的转化效率。通过多部门间的紧密协作与创新性的工作方式，确保了科研资源得到最大程度的开发与利用。

从科技供给的角度来看，我国"三农"领域的科技供给模式已从单向推动转变为双向互动模式。传统的"以产定销"模式面临供需关系不明晰、供需不匹配等问题。"需求导向型"模式激发农民的自主创新能力，四川省在科技需求与供给的双向互动中，对"需求导向型生产"即"以需定产"策略进行了深入探索。该模式聚焦构建多方利益的紧密联系，主要涵盖马铃薯、甘薯、食用菌、优质稻麦、多样化水果、生猪及家禽等多方面。该模式包括"农业科技园区联结龙头企业与农户""科技企业依托基地服务农户""科技大户带动农户""专家大院结合基地助力农户""科技合作社联结农户"等（虞洪，2017）。这逐步形成了具有四川地域特色的新型农户组织架构，促进了科技供需的高效对接，提供及时、高效的定制化科技服务。

6.3.2 农业产业科技创新实现模式

1. 构建健全的公益性农业服务机构

构建完善的农村公共服务组织体系是社会福利制度逐步完善的体现，经过全面深入的变革，我国已成功建立起一个既具备科学性又富有合理性的公益性质农业服务系统。以四川成都为例，该地区设有6个农技推广部门，涵盖农业、畜牧、农机和水产等领域，15个农业区（市、县）整合组建了农村发展局，并建立技术服务机构。遵循"西部第一，全国标杆"的理念，并依据"五同"的指导原则，全省已有146个乡镇级农业综合服务站完成建设布局，提升了配套服务设施的品质。① 强化了县、乡、村三级服务网络的构建与发展，搭建起一个全面覆盖农村地区经济活动的信息交流平台与服务支持体系。在村级层面设立农业综合服务站，有效地回应了农民群众对于多元化农业科技服务的迫切需求。

2. 建立农业科技创新服务体系

成都作为中国农作物区域技术创新的重要枢纽之一，已搭建起一个农业科技创新与推广服务的综合平台。该平台成立了相关科研项目，该平台以四川省农业科学院、四川农业大学等高等学府和科研单位为核心，同时吸纳了市农林科学院等市级科研机构的公共服务资源，初步形成集技术研发、成果转化与推广、人才培养、信息服务、政策扶持及市场拓展六大功能于一体的"核心引领、两翼齐飞"的现代农业科技创新体系。该体系以科技引领的农业产业化领军企业为中枢，辅以市（区、县）级农业技术推广服务中心，共同构建了一个层次分明、职责清晰、结构合理且协同紧密的农业科技创新与推广服务体系。此体系从农业科技的研究探索、项目开发合作、成果转化应用及推广普及等多个方面构建了农业科技领域的"人才储备库"与"项目资源库"，并通过充分发挥农业领域专家及农业科技服务团队的专长与潜能，有效攻克了农业科技成果转化过程中的"终端梗阻"难题。

3. 发挥社会化服务效用

为更有效地响应现代农业发展的多元化需求，我国正致力于实现

---

① 上述数据为作者通过调研获得。

社会服务与农业公益性服务资源的深度融合与优化配置，对农民专业协会、农村专业合作社、农民经纪人组织、农业科学研究机构、农业相关高等院校、农业领军企业、农产品集散中心以及电子商务平台等众多涉农社会化服务实体的科技服务资源进行整合。初步构建起一个"政府引领、农民主体、市场驱动"的服务模式框架。依托乡村多功能服务站，形成了公共服务与经营性服务相融合的新型模式，为农产品生产提供全程服务。

4. 加强信息基础设施的支撑

网络通信技术的赋能以及信息处理技术的运用，将知识与信息全面且有效地整合到农业及农村经济社会之中。实现农产品情报的时效性，通过加强省、市、县乡村经济信息服务机构的功能，集成区域内农业及相关数据，并建立相应的资料库。依托全国农业经营管理信息平台，并结合"新农通"服务、农业门户网站及12316"三农"服务热线，向农业企业、合作经济组织及广大农户提供涵盖科技动态、市场行情、价格走势、劳务信息及气象预报等多维度信息资源。推动农业生产向智能化转型，并着重强化农业物联网示范基地的建设工作。在此基础上，加快研发基于互联网技术的农产品销售综合管理系统，实现对农业产品的信息化、精细化管理。以农业物联网的生产管理感知体系、生产管理控制中心及集中控制处理系统为核心，致力于推动现代信息技术与城市现代农业的深度耦合与融合发展。有效促进农村经营管理信息化，全面汇集全市范围内土壤、气象、林业以及人口、劳动力、科技与经济等诸多农业相关领域的信息资源，运用现代信息技术对传统的农业生产技术展开研究，构建"智慧农业"综合管理信息平台，实现信息的集中化、统一化及协同共享功能，并融合农业资源的分析决策、科技推广应用、质量追溯管理以及应急指挥调度等多重功能，推动农业管理向全面信息化的深度发展。

5. 促进农业科技助力乡村民生改善

在乡村布局优化、美丽乡村建设、饮用水安全保障以及农村生态环境保护等多个方面，农业科技系统不仅能促进现代农业的健康可持续发展，还能为农村居民提供更广泛的服务。乡村建设历史进程中，农村的信息化普及、生活垃圾的资源化转化以及资源的循环利用等技术均得到了广泛的应用与深化发展。在促进城乡融合发展的过程中，我国高度重视农业科技体的完善，促进基础设施的标准化建设，提升服务手段与效能，创新服务机制，推动现代农业向更加科学化、高效化的方向发展。

第 **7** 章

农业农村现代化生产体系路径选择

7.1 主要思路

7.1.1 生产功能

农业农村现代化生产体系建设的核心是生产环节的现代化，因此应坚持以农业供给侧结构性改革为主线，满足"质量第一、效益优先"的要求，以"质量变革、效率变革、动力变革"为基本路径。

1. 一条主线

坚持农业供给侧结构性改革，是建设农业农村现代化生产体系必须严格坚守的主线。以提质增效为重点，以绿色发展为引领，以改革创新为动力，聚焦重点发力，强化措施落实，推进农业结构调整（丁声俊，2018）。需突出问题导向，并针对性地开展工作。这包括积极调整地区布局和品种结构，以提高农产品的质量、效益和竞争力；推动绿色发展，推广精细播种、科学施肥、精确施肥和水肥一体化等节本增效技术，提高化肥使用效率；加强技术指导与服务，通过组织技术培训班、下乡指导等措施，充分发挥新型经营主体的示范引领作用（丁声俊，2018）；调整作物结构，解决食品结构性矛盾，提升高质量生产能力，提高有效供应。同时，还需要大力推进产业"需求侧"的转型，通过建立创新型的现代工业系统，推动食品和其他工业向中高档发展，去实现"需求侧"和"供给侧"的动态匹配。

2. 两点要求

满足"质量第一、效益优先"的要求。首先，质量第一，农产品的口感、品质、营养均衡和特色应得到提升，以更好地保障人类健康，满足人类日益增长的食品多元需求。这要求绿色高质量农产品的供应大幅增加，要求农产品品种和形式多样化供给满足消费者对个性化、多样化和高质量产品特性的需求，以实现供求关系的高层次匹配。其次，效率优先，一方面，从多维度入手，构建现代农业的产业架构并完善生产流程与经营模式，加速推进农村一二三产业的深度融合发展，全面挖掘农业的多元价值，发挥农业生产发展功能性提升的潜能，促进农业经营形态的多样化、高端化以及精细化分工，不断拓展农业的增值空间；另一方面，工作重心应转移到提升生产效率上，优化生产流程，提升劳动力生产效率、土地生产效率以及资源使用效率，在满足生产发展的基础上，提高对环境友好的程度。当然，也需要加速对资源利用模式的转型升级，鼓励支持由粗放型向集约型转变，并不断强化科技创新的引领作用，发挥农业农村改革发展潜力，推动农业向绿色化、低碳化及循环化的发展路径迈进。

3. 三条路径

以"质量变革、效率变革、动力变革"为基本路径。

一是质量变革，质量革命是时代给出的"新课题"。当前，我国农业正处于转型关键时期，这涵盖了经济结构的改良与增长动力的更迭变动。因此，必须坚定不移地将重心置于农业供给侧结构性改革上，推动农业发展以质量为先，不断增强农业的创新能力、市场竞争优势及全要素生产效能，旨在加速我国由农业大国向农业强国的蜕变进程。在此过程中，现代农业农村产业系统的构建在观念、政策、工作方式和评价方法上均发生显著变化。首先，思想观念从重视"量"转变为注重"质"，工作重心转移到提高"质"上。其次，在政策规划方面，应实现从对产量增长的侧重向提升品质的侧重转变，重点鼓励科技创新研发、加大农业补贴力度以及优化项目投资结构，推动绿色发展进程、增强产品质量与提升经济效益。工作方式上，由政府主导转变为市场主导，利用市场机制和信息技术推动工作，激发农民的积极性和能动性。在制定绩效评估指标时，需要综合考量农民个体的贡献度及其在生产要素配置上的合理性，涵盖资本投入、技术应用及信息服务等多个因素，促进评估体系由单一的产量导向转变为质量与效益并重，避免仅以产量作为评判标准。应将环境可持续性、绿色发展理念、产品质量安全以及助力小农户增收等要素作为核心考核指标，同时利用人才资源、科技创新及先进装备等多方面力量，共同推进质量兴农战略的实施。

二是效率变革，要降低生产成本。通过培育新型经营主体，带动适度规模经营发展，降低平均成本，通过农地入股分红等方式节约租金成本。发展农业科技，降低多元成本，采纳精准的肥料施用与土壤测试配方技术，在维持产量稳定的前提下，实现化肥使用量减少 20%～30% 的目标，进而促使整体成本削减幅度呈现 15%～20% 的缩减幅度。更改经营策略，有效削减经营成本。提升生产效率并发挥规模经济效应，需要进一步培育新型的农业服务主体与市场机制，引导代耕、代种、代管以及代营等纵向分工的深化与服务外包的拓展。① 我们着力促进

---

① 罗必良. 培育两大主体：农业经营方式转型的重要途径 [N]. 南方日报，2016 - 02 - 15 (F02).

农业领军企业建立生产基地，扶持合作社在加工、物流及直销方面的合作发展，借助"互联网＋现代农业"等信息技术手段削减交易总成本。实施绿色发展战略，减轻环境污染负担，降低成本。要发展集约农业，按照绿色增产模式攻关要求，扩大测土配方精准施肥，全面推广减药控水等一体化技术，实施农药化肥零增长行动，推进种养结合、资源化利用以及无害化处理，发展资源节约型、环境友好型农业。

三是动力变革，主要包括科技政策支持、要素驱动、创新驱动。建立和强化科技政策支持、政策保障体系，要充分发挥政策导向、政策支撑、政策服务等作用。在农业资源分配中，要充分意识到政策干预可能会导致的市场失衡，以及对社会福利的影响。当前，农业农村现代化生产系统需要充分激活主体、要素和市场，提升生产效率和产业效益。创新驱动发展战略的持续推进，首先，应积极推进"双创"活动，将大众创业、万众创新作为推动创新驱动发展的主要手段，最大限度地激发社会创新创业潜力。其次，应争取在现代农业生产系统中的关键核心领域取得技术突破，如现代种业、生物遗传和生态农业，保障国家食品安全。再次，应培养创新型企业，集中创新人才，将科技创新作为推动力量，用人才不断提升农业生产的科技含量，提高企业的生产经营效率和效益。最后，应大力推广"互联网＋"的食品流通新模式，创建科技成果交换市场，以促进新型流通方式的发展。

7.1.2 生态功能

党的二十大报告提出要尊重自然、顺应自然。因此应加快农业绿色转型，实现中国式农业现代化。当前我国社会的主要矛盾已经转化为人民日益增长的美好生活需要和不平衡不充分的发展之间的矛盾。为解决矛盾（刘会军，2018），我们既要提供足量的食物产品以满足人民基本生活的需要，还要提供足质的农产品满足人民美好生活的需要。农业是国民经济发展中最为基础的行业。解决当前我国社会的主要矛盾离不开建设农业农村现代化生产体系。农业农村现代化生产体系建设是实现乡村振兴的关键所在，也是实现农业农村现代化目标的重要途径。当前我国农业农村现代化生产体系建设过程中面临着一系列问题，例如，如何在满足市场基本需求和消费升级的同时，拓展多功能性，尤其是生态功能特性，进而满足市场更高层次的需求。我国农业农村现代化生产体系建设应该充分挖掘其内在生态功能，在进一步落实相关制度的基础上，充分借助市场需求的转型升级这一契机，形成一条以自身资源条件为依托、以满足市场多样化需求为导向、以拓展生态功能为关键的绿色发展之路。

在未来农业农村现代化生产体系建设过程中的生态功能开发利用方面，应将农业农村现代化生产体系建设发展纳入生态文明建设这一体系中，我们必须始终秉持2015年中共中央、国务院颁布的《关于加快推进生态文明建设的意见》及《生态文明体制改革总体方案》的核心精神，深化对我国生态文明顶层设计与制度架构的认识。深入领会《关于打好农业面源污染防治攻坚战的实施意见》《到2020年农药施用量零增长行动方案》《到2020年化肥施用量零增长行动方案》等政策导向，结合农业部于同年发布的《全国农业可持续发展规划（2015—2030年）》的既定目标，积极推动农业农村现代化生产体系构建，不断拓展生态功能。要充分把握2017年中共中央、国务院印发的《关于创新体制机制推进农业绿色发展的意见》这一具体到农业农村现代化生产体系建设政策文件的内在要求，结合 2018 年中央一号文件和《乡村振兴战略规划（2018—2022 年)》这两个文件对农业生态功能开发利用的具体部署，大力挖掘生态功能，最终形成绿色、高效、环保、可持续的农业农村现代化生产体系建设之路。

在农业农村现代化生产体系建设中的生态功能开发方面，应紧紧围绕资源高效利用、产地环境清洁、绿色供给能力提升三个方面，不断解决当前农业农村现代化生产体系建设中所面临的问题，逐步提升农业农村现代化生产体系建设水平。在资源利用方面，应在严守耕地红线的同时，大力提高耕地质量水平，利用科学技术提高农业农村现代化生产体系建设过程中对各种资源的利用效率；在产地环境方面，全面推进化肥、农药施用量零增长，积极推动新型环保产品研发，加大推广力度，不断提升化肥和农药在农业生产过程中的利用率，逐步提升农膜等资源的回收率，全面推进农业废弃物，实现资源化利用；在绿色供给能力方面，应全面提升农产品质量安全水平，加快农业与乡村旅游、休闲农业、健康养老、文化教育、体育运动等多种新业态的融合速度，大力提高生态价值，在提供更加安全优质的农产品的同时，进一步提升农业生态服务能力。

7.1.3 文化功能

在建设农业农村现代化生产体系过程中，坚持"一个引领、一个核心、多元融合"的思路来充分发挥农业农村文化功能。即坚持以社会主义核心价值观为引领，以传承发展中华优秀传统文化为核心，以多元融合路径来创新开发农业农村文化，形成农村文化产业新业态新模式，生产多元农业文化产品，满足城乡居民精神文化需求，培育文明乡风，推动乡村文化振兴。

"一个引领"坚持以社会主义核心价值观为引领把社会主义核心价值观融入农业农村企业文化、乡村文化建设中，培育推介一批新时代农业农村先进生产经营主体，彰显社会主流价值。

以传承和发展中华优秀传统文化为核心，立足中华传统农业文明，积极吸收城市文明和外来文化优秀成果，在保护传承的基础上，创造性转化、创新性发展，不断赋予时代内涵，丰富表现形式。[①] "一个核心"的精髓在于传承与发扬中华优秀传统文化，在于植根中华悠久的农业文明土壤上，主动吸纳城市文明及外来文化的优秀成果，在于守护与传递文化的同时，推动创新性转化与升级，并持续为其赋予新的时代内涵。在农业现代化生产中注重保护文物古迹、传统村落、民族村寨、农业遗迹、种质资源等优质文化关联载体，并将其中蕴含的优秀思想观念、人文精神、道德规范等纳入农业农村现代化生产环节，发挥其在凝聚人心、淳化民风、提升产品内涵、增强品牌影响力等方面的重要作用。

"多元融合"是以多元融合路径来创新开发农业农村文化，形成农村文化产业新业态新模式，生产多种多样的农业文化产品。面向文化市场和精神文化产品需求，突破农业农村生产环节，依托特色文化资源，在产业内外横、纵进行多元融合创新，丰富农业与乡村文化产品的种类。深入探索乡村所独有的文化符号，充分发掘并利用本土文化与民族文化遗产的潜力，推动农业与乡村产业的特色化发展。通过农业科技与文化融合、农业文旅融合、互联网文化与农业融合等跨界

---

① 彭建强. 创新是乡村全面振兴的重要支撑 [N]. 河北日报, 2019 – 11 – 08.

融合创新，形成新业态新模式，实现农业农村文化的创造性转化，促进创新性发展。

7.2 发展目标

7.2.1 口粮和粮食

加强粮食产能建设，稳定粮食生产水平，实现谷物基本自给、口粮绝对安全。粮食安全问题的核心是粮食综合生产能力的安全，粮食综合生产能力是粮食安全的重要物质基础（尹成杰，2005）。大幅度提升粮食质量效益，努力增加种粮农民收入，切实增强粮食综合生产能力、国际竞争力和可持续发展能力。力争"十四五"末期粮食综合生产能力稳定在6.5亿吨以上，谷物自给率保持在95%以上，口粮自给率达到100%，确保实现国家粮食安全。

未来3~5年，提升我国粮食生产及其品牌化发展，随着品牌的产品市场占有率提升，消费者信赖度不断增强以及溢价效应的不断提升，中高端粮食产品的供给能力也将大幅增强。[①] 促进一系列国家级粮食与口粮品牌的崛起，提升口粮品牌在全国范围内的影响力、引领力、国际竞争实力以及文化底蕴。通过构建200个国家级农产品区域公共品牌、300个国家级农业企业知名品牌以及600个优质农产品品牌的体系（刘馨蔚，2021），打造一批具有国际竞争力和深厚文化底蕴的

---

① 参见2018年《农业农村部关于加快推进品牌强农的意见》。

国家级粮食与农产品品牌矩阵，强化区域公用品牌与企业品牌的建设，形成多层次、广覆盖的品牌发展格局。

7.2.2 饲草

在饲草产业的生产运营中，构建以市场需求为导向，聚焦提升经济效益，优化资源配置，深度挖掘资源潜力。在饲草产品的开发过程中，秉持可持续发展原则，实现资源高效利用与生态环境保护的双赢。饲草产业的持续发展需朝向规模化经营、集约化生产及现代化管理的方向转型。为提升饲草产业的核心竞争力，增强饲草生产企业的科技创新能力，提高饲料行业的整体竞争力，并增强对市场风险的抵御能力，必须将产业的产学研深度融合，形成协同创新的发展模式。

7.2.3 天然橡胶

坚持巩固、提升、稳定、发展的战略定位，按照全国天然橡胶优势区域布局规划，科学合理地开展植胶生产，不断巩固现有产业基础（祁栋灵等，2013），有效保障国家战略安全。

7.2.4 棉花

科学布局，完善棉花支持体制，着力提高生产能力，增加种棉效益，争取供需平衡且匹配，以种植优质原棉、深加工为重点，增强国际竞争力，打造棉花生产强国。

7.2.5　蔬菜和水果

蔬菜方面：坚持"稳量、提质、增效、控污"的基本思路，聚焦品种优化、品质保障和品牌建设。目标是将蔬菜产业打造成为千亿级规模，并确保其产品质量达到高标准，在质量监管方面，蔬菜产品的抽检合格率持续稳定在95%以上的高水平，蔬菜产业对农民人均纯收入的贡献亦长期保持在1200元以上的水平。水果方面：追求高品质增长，深入推进水果产业供给侧结构性改革，要贯彻落实新发展理念，充分利用国际国内两种资源、两个市场，以满足消费者多样化、个性化、高品质需求为导向，以促进水果产业高质量发展为主攻方向，加快建成现代化水果产业体系，着力在去产能、提质量、降成本、强产业、拓出口上下功夫。

7.2.6　种养加一体化

实现种养加一体化更高层次、更广范围的发展，形成种养区域布局合理化，主体协同性偏强、种养加产业融合度高、环节连接紧密的发展模式。

7.3　主要任务

7.3.1　口粮和粮食

一要提高口粮和粮食多元、安全、有效的供给水平，实现口粮和粮食安全供给的高质量发展。要促进一二三产业深度融合，建立高质量的现代口粮和粮食产业体系。深入实施"藏粮于地、藏粮于技"的战略方针，需要进一步巩固现代口粮和粮食生产的根基，不断加强现代农业物质技术装备体系的建设（王金会，2018），着力提升种子质量、机械化作业水平、信息化应用程度及标准化管理水平。汇聚各方力量，降低生产成本、提升生产效率、促进单产增长及品质优化，加速推进现代口粮及粮食生产体系的构建，进一步提升全要素生产率（王金会，2018）。秉持质量至上，遵循市场发展，坚持稳固玉米大豆生产、调控水稻种植、扩增经济作物面积、拓展草饲畜牧业的导向，持续优化种植的结构与模式，确保农业生产布局与区域资源禀赋及市场实际需求的紧密对接，不断夯实食品工业稳健发展的坚实原料基础。为了更加契合绿色、生态及健康的消费趋势，大力推行绿色有机食品，持续推动粮食与口粮在品质提升、适配环境友好型社会及突出特色等方面进行深入发展，减少无效供给，并不断增加多样化的有效供给。

　　二要守住国家粮食安全底线，实现保障国家粮食安全体系的高标准建设。我国粮食生产当前正面临耕地缩减、自然灾害频繁以及人口持续增长的多重挑战。因此，必须将供给侧结构性改革作为核心战略，推动粮食生产由单纯数量保障向全面质量提升转型。构建一个具有更高水平、更优品质、更高效率且更强可持续性的粮食安全保障体系十分重要。牢固树立"以我为主，适度进口"的原则，在统筹考虑工农关系、城乡关系、国内外关系变动的基础上，严格按照"谷物基本自给、口粮绝对安全"的总体要求，以口粮绝对安全和提升粮食综合生产能力为前提，以提高粮食质量、生态、效益为导向，以确保大市、大县和大户粮食生产积极性为重点，以深化改革和科技创新为动力，不断强化和优化粮食安全政策，大幅度提高粮食综合生产能力、国际竞争力和可持续发展能力，构筑稳固牢靠的国家粮食安全保障体系，加快构建粮经饲统筹、种养加一体、农牧渔结合、一二三产业融合的现代口粮和粮食生产体系，为全面建成小康社会奠定坚实基础。

三要以绿色发展为引领，实现口粮和粮食生态安全的高质量发展。牢固树立"绿水青山就是金山银山"的发展理念，实施绿色兴农战略（王金会，2018），促进可持续发展。通过强化农田基础设施建设和生态环境的综合治理，有效提升农业的整体生产效能。土地保护始终是重中之重，在科学合理的基础上开发利用土地资源。为此，整合推广一系列土壤培肥措施，包括深松深耕、保护性耕作、增加有机肥施用量以及秸秆还田等，以提高土壤有机质含量和全面改善耕地质量具有必要性（王金会，2018）。持续推动农业"三减"策略，采取土壤检测、定制化施肥以及水肥综合管理等一系列举措，强化绿色管理和病虫害的统一防控，进而提升农业投入品的利用效率。必须坚定不移地遏制面源污染，同时加大对农膜废弃物等回收以及循环利用及安全处置力度。对农业投入品的使用与监管需予以高度重视，以保障农产品的品质与安全性。此外，农田建设与改造工作也不容忽视，不断提升耕地的生产潜能与综合效益。积极推广秸秆机械化还田技术，并实施"深翻免耕＋两次免耕"的耕作模式。

四要提升质量安全水平，产品达到高标准的安全要求。必须从根源上消除安全隐患，严把产品质量关卡，并加大对生产企业的监管力度。应始终围绕问题的核心，秉持严谨原则。针对当前存在的若干薄弱环节和关键问题，保持高压监管态势，切实强化执法监督，以保障质量和安全的有效管控。此外，应增强宣传引导，提高全民安全意识。

对于粮食质量与安全，推广智能化管理，完善可追溯系统，争取使80%以上的绿色有机食品生产企业实现联网可查。加强农村投入品管理，深化"放管服"改革，清理、废除和下放束缚地方农村经济发展的各项事务。同时，强化农业领域的法制化管理，稳步推动农业综合执法向规范化发展。并采纳执行"互联网＋农业执法"战略计划，提升农业执法工作的信息化程度。

五要提高科技创新支撑发展能力，提高效益和竞争力。口粮和粮食现代化生产体系建设应该是竞争力导向的，持续依托科技创新驱动现代农业的进步，加速构建一个深度融合产业、学术与应用领域的技术创新与推广体系，以期更高效地挖掘并释放农业科技成果在产业化进程中所带来的"增值效应"（王金会，2018）。专注于推动高质量种植技术、农业机械化技术和农艺技术的融合，同时加大对农作物高产高效栽培技术及生态标准化作业、耕地保护等核心技术的推广力度。聚焦种子、耕地两个关键领域，关注农机装备的支持，聚焦基础前沿热点、关键核心技术卡点及产业发展升级痛点，实施农机装备补短板行动，建设"一大一小"农机装备研发制造推广应用基地，开展农机研发制造推广应用一体化试点，推动建设农机装备研产推用贯通应用基地。成功构建了一批现代农业科技园区与科技示范带，旨在充分发挥集成示范与推广平台的最大效能。加强在高品质农产品种源、现代农业机械装备、废弃物资源化利用、农产品精深加工以及黑土地保护与治理等多个关键领域的协作与研究（王金会，2018）。强化乡村实用技术人员的培训，培育新型职业农民，建立"乡村学堂"，确保农业科技服务能够有效地到达农村基层，打通科技支农"最后一公里"。

六要加快由重视生产端向重视市场端转变，实现市场均衡平稳供应的高质量发展。有效弥补市场营销方面的不足，将更多精力聚焦于"销售成效"的提升上，加速构建优质粮食的高价值产业链条，确保粮食及基本口粮的生产与销售均能符合高标准与高价值的要求。通过产权与股权整合、企业间契约关系的建立以及特许经营权的授予等多种策略的有效运用，孵化知名食品与粮食品牌，加速构建大型的口粮与粮食批发交易市场体系，搭建覆盖广泛区域的公共口粮与粮食销售服务平台。同时，加大对农村经纪人的培育力度，促进其专业发展，进一步优化线下与线上销售渠道的布局。

7.3.2 饲草

以加强宣传、提高认识为基础，完善基础设施建设，提高饲草收割加工机械化水平，着力推广粮—经—饲三元种植模式，创新种养结合模式，提高饲草种植的内生动力；规划扶持饲草种植基地建设，加强产学研研究，开发新品种，实施品牌战略，结合各种力量完善产业链，积极开拓饲草市场，促进饲草现代化生产体系建设。

一要提升优化生产能力，加强相关建设。致力于深化产、学、研的有机融合，积极推荐具备抗病性强、抗逆性好及高品质特性的产品。通过融合标准化的生产流程、环保型的预防措施以及简约高效的种植技术，培养出既具备文化素养，又精通技术、擅长管理、具有示范引领能力的现代职业蔬菜农民群体。高度重视育苗相关工作，并持续强化、推动其朝着规模化、专业化、产业化的方向稳步迈进。加大基础设施投入，弥补薄弱环节。还需要强化种养结合、农旅融合和农机农艺相结合等生产模式的融合发展。

二要优化产品精深加工。优化鲜食及加工产品的结构，包括新品种的培育和开发，以及新产品的引入和推广。积极引导和扶持蔬菜生产、加工和销售的龙头企业，加速蔬菜产销的融合发展。遵循国际公认的质量标准进行规范，并采纳信息技术、生物科技等尖端技术手段，进一步增强蔬菜加工的技术规格与要求。

三要深化信息技术与各产业融合。积极促进现代流通方式的发展，包括订单直销、连锁配送及电子商务等流通方式，并在蔬菜产品的编码管理、包装存储以及冷链物流等多个关键环节广泛采纳并深入应用互联网技术。积极拓展物联网技术的应用范畴，率先在设施蔬菜和设施食用菌的生产领域内推动构建一系列高标准物联网应用示范点（张桂华，2018）。确保生产和销售活动的有序开展，稳定获取监控与预警信息，并及时对产品生产和销售状况进行分析与综合评估。

四要加大市场主体培育力度并强化市场竞争力。加强农业生产的支持与指导，包括政策支持和工程支持，以促进农业产业化发展。加强社会化服务，建立和完善农民与企业的利益联结机制。加强品牌创建，推动农产品"三品一标"产品质量提升，鼓励各地集聚市场力量，生产质量安全的农产品。

五要加强质量安全风险管控。对投入品的监督管理进一步完善，对生产和销售违禁杀虫剂的行为进行严格查处。强化生产流程的标准化，积极推动农业防治与绿色防控策略的实施，并将其与化学控制手段有机整合。加强对企业的审批，要求企业负责人对生产地点进行详细注册和检查，并记录质量信息。加大对禁用和限用农药的宣传力度，提高公众对农药使用规范的认识。对存在问题的蔬菜产品，严格按照法律规定进行检查，确保消费者能够获得安全的蔬菜产品。

7.3.3 天然橡胶

优化橡胶品种，着力改造低产低质胶园，科学规划布局建立生产基地，形成橡胶生产和深加工集聚产业链，制定标准加强管理。

一要调整优化种植布局与种类构成，改良质与量偏低的橡胶园。根据地理区位优势和科学规划，在未来新橡胶园的建设与老旧橡胶园的更新改造中遵循产业化、规模化及标准化的发展方向，调整与优化种植布局，推动其向更适宜或次适宜区域有序发展。优化品种结构（范刚，2018），调整品种结构。在遵循"环境适应性、品种特性与栽培措施相匹配"三要素原则的基础上，重点聚焦推广现有主要种植品种中那些适宜本地种植且产量突出的新品种。为确保高质量种子的持续供应与应用，我们应打破农业发展中的地域壁垒，以及国有与私营企业间的界限，实现全国统筹，重点在橡胶产区发展一批经省级和部级认定的标准化、产业化橡胶育种基地。同时，严厉打击无照经营和乱栽苗等违法行为。

大力改造低质和低产胶园。针对质量差、不适宜的低产胶园，需主动进行改造。坚持"宜胶则胶"的原则，增加投资，完善基础设施，加强养护与经营，加速劣质橡胶林的更新，提升胶农在种植、管理、养护、割胶、防治等方面的技能水平培训，提高橡胶园的可持续发展能力。对于盲目扩大规模的低质橡胶树，应劝导其转种或间套适生长树种，避免耕地和人力资源的浪费。

二要发挥资源优势，大力发展橡胶深、精加工产业。为了实现橡胶工业的创新发展，必须对其进行深度加工，将资源优势转化为经济优势，以实现高质量发展。

合理布局，发挥橡胶生产和深加工的集聚作用。根据科学发展观，应制定一套符合实际的橡胶深加工工业发展计划，以扭转过去橡胶生产地主要依赖初级产品加工，而将深、精加工环节交由沿海发达城市承担的发展模式。这种远离生产基地的深、精加工方式不仅会增加运输成本，还会对少数民族地区造成不利影响（范刚，2018），因此，应在当地开展深、精加工，以提高产业的经济效益和区域发展的均衡性。

对橡胶生产企业的整合是解决产能过剩、企业规模小、散、弱问题的关键。这需要政府部门的领导，对现存的橡胶加工企业进行深入调研，制定一个整合计划，并由政府部门发布文件进行实施。对于资源浪费和经济效益不佳的小规模企业，应坚决关闭，以提高行业整体效益和资源利用效率。

鼓励橡胶产业通过租赁、兼并、收购等手段实现发展。应提供财政扶持和信贷支持，培育一批大型集团和公司。通过"公司+基地+农民"的模式，实现企业和农民的融合，壮大龙头企业，推动橡胶产业的科学化、高效化、有序化发展。

三要强化生产流程的标准化管理并加速技术创新进程。构建全面服务体系，以助力民营橡胶生产，在科技咨询、技术培训以及生产技术标准的制定上妥善处理。并积极引导农民进行科学养殖，提升农户收入并增强其对天然橡胶产业的掌握程度。向胶农普及先进的种植规划与生产管理技术，提升他们在割胶与初步加工方面的技能水平，并加强橡胶加工的规范化管理，制定统一的生产技术规范及现场管理标准。优化生产流程，以提升产品质量、保障产品安全性，节约控制生产成本。同时,积极借鉴并引进国外优质品种和先进加工技术,增强自主创新能力。我国橡胶工业发展势头强劲,通过对天然橡胶新品种的快速选育、高效栽培技术的研发、割胶效率的提升、精准施肥策略的采用,以及对深加工技术的深入探索与开发,不断提升国产天然橡胶产品的品质与附加值,增强我国天然橡胶加工行业的国际竞争力。

7.3.4 棉花

深化棉业供给侧结构性改革,合理规划棉区,优化棉花品种布局,加强品牌创建,发展高质量品牌棉产品;推广轻简化和机械化新技术,降低生产成本,利用科技进步来推动棉花种植;完善棉花目标价格制度,加大棉花产业补贴力度。

一要夯实高质量发展基础。为实现高质量发展,首先需要打牢根基。基于高品质制造基地,以高品质制造布局推动高品质发展。目前,我国的三大棉花产区虽然进行了质量分区,但未按分区进行产品与品种规划,未能充分发掘其遗传潜力与生态资源的独特优势。当前,我国优质棉花产业正面临种植面积缩减、单位产量偏低、深加工比例不足,以及整体质量效益欠佳等多重挑战。在追求卓越品质的发展进程中,如何科学规划生产布局与提升产品品质,是亟待解决的问题。根据生产区划与品质区划布局,优化棉花生产布局和品质分区,打造优质棉花生产功能区,充分发挥棉花生产的资源优势。强化供给侧结构性改革的实施效能,有必要充分调动各类市场参与者的活力,积极实施乡村振兴战略(李雪源等,2018),严密监控并防范产业内部可能涌现的风险因素,为推动高质量发展奠定坚实而稳固的基石。通过布局机采棉、中高端优质棉产业项目，利用重大项目和技术，打造高品质发展根基（李雪源等，2018）。强化高品质市场制度，提高市场资讯的准确性，以需求为导向进行制造。通过优化棉花品种，加大品牌培育力度，开发优质棉花商标，改善棉花生产基地建设，促进棉花流通。流通方面，应大力推广棉花现货贸易，发展订单农业和网上竞价等贸易方式。推动农业合作社、农业企业和农业院校之间的合作，建立稳定的供需联系，促进农产品产地与市场之间的流通。

二要构建高品质的发展环境。采取积极健康的策略，推动高质量发展。树立追求高质量发展理念，只有产业整体协同提升品质，才能实现真正的发展。目前，我国棉花产业在优质棉花生产、加工和收购方面仍存在较大差距，需要为这些环节创造良好的生态条件，以激发企业，特别是生产优质棉花的企业的积极性。优质棉是农业高品质发展的基础，但我国对优质皮棉的需求量较低，这不仅阻碍了优质棉区的发展，也阻碍了我国棉区的调整优化。

制定更新并持续优化一套全面的棉业高质量发展标准体系，该体系应涵盖建立统一的质量标准框架、实施有效的质量追溯机制、规范市场运作流程及确立清晰的市场行为准则。对我国现行的棉花标准进行修订，提高纺织品的要求，以适应高品质发展的需求。棉花检验的品质标准与高品质发展要求相匹配，确保检验结果的客观性和公平性，体现优质优价的原则。在棉花种植、加工和收获过程中，应建立和健全质量管理体系，严格控制高品质棉花的产量和品质，确保加工流程的严格控制，实施残膜的再利用，严格执行禁止使用塑料编织袋的规定，对于混等、混级、混采（摘）以及混级堆放等不规范行为，必须予以坚决禁止，以维护生产流程的标准化。

　　完善公证检验体制。所有商品棉，包括有色棉在内，必须经过具备相应资质的检验机构的合格认证，才能进入市场流通环节。应确立监管与检验相分离的体系，保证公平性，并实施与质量相结合的方针，完善企业的品质保证制度。针对高品质棉花的开发，需要采取有针对性的措施，政策层面，国家所提供的补贴额度应依据棉花质量而定，质量上乘者将享受较高的补贴，质量较低者则补贴相应减少。另外，将价格低廉的政策传递到农产品收购过程中，直至到轧花厂成为企业内部加工部门之前，棉纺厂与农户之间应保持购买和销售的关系。在这一过渡期间，为了提高品质，轧棉企业应对收购的籽棉采取"一试五定，密码核对"的方法，确保"优质优价"的利益传递给棉农，激励他们从种植源头着手，精选优质品种，严格执行"四分"管理，推广使用专用棉袋等措施。最后，政策导向与扶持措施应聚焦于促进高质量发展，重点涵盖纺织加工领域的政策优化与市场贸易政策的调整。完善目标价格补贴机制，强化优质优价原则的实施，并加大科学技术监管与政策扶持的力度，以期全方位推动纺织产业向高质量发展阶段迈进。

　　三要构建高质量发展的驱动力体系。实现高品质发展的前提在于拥有精湛的制造工艺以及科学合理的配棉方案。这一过程需要高质量的思想引领、管控措施、技术支持、政策导向和制度体系的协同配合。实施有计划的管控，包括按照生产空间质量分区进行高质量的棉花生产、发展优质品种、构建完善的优质棉花生产体系，实现质量全程可追溯等，再到加工与销售环节的紧密控制，以及技术层面的不断创新与优化。为实现高质量发展，需要加速新老动力的持续转化，打造新的发展动能。科技进步是推动经济社会发展的根本动力源泉。

要促进高质量发展，必须广泛汇聚核心资源，激发创新首要驱动力，建立健全的制度保障体系，培育科学技术引领的社会化组织。这一目标的实现需要提供充分的科技基础支撑、强有力的政策扶持、全面的支撑体系构建，以及其他促进高质量发展的必要条件。主要体现在以下六个方面。第一，深化对高质量发展的政策探索，力求在高质量发展理念、战略部署及区域规划方面优化发展；第二，加大研发力度，严格监控并优化整个生产流程的质量管理；第三，强化针对消费领域的研究，涵盖消费需求的变动、消费行为的模式及消费趋势的预测；第四，聚焦我国高科技企业的管理策略，明晰并强化其工作重心与发展方向；第五，推进法治体系完善，深入探索企业内部约束与激励机制的构建，健全相关规章制度；第六，拓宽国际合作渠道，加强与国外高技术产业的技术交流与合作，促进技术合作与知识共享的深化。高质量发展需要强化现代产业技术体系的建设，特别是构建一套能够有效支撑高质量发展的现代棉花产业技术框架。这一框架将研究重心放在诸如优质品种的选育、高效机采棉技术的开发等核心环节上，并深入探索引领高质量发展潮流的核心技术。当前，农业生产领域正积极推行品种更新与栽培模式更新，优化调整作物种植密度，规划种植布局，开展棉花综合生产技术的试验示范与广泛推广。我国农产品目标价格体系的持续深化，农业合作社与订单农业的蓬勃发展，农产品供给侧结构性改革与现代种业工程的稳步实施与棉花产业联盟的成立，这一系列举措共同驱动着棉花产业向高质量发展阶段迈进（李雪源等，2018）。随着高品质、高技术产品的不断研发与应用，结合政府的有效引导与严格监管，棉花产业的高质量发展必将得以实现。

　　四要构建高质量发展平台，为涵盖多样化、高品质产品的利润分配体系奠定基础。通过平台整合各类推动高质量发展的核心要素，形成适应不同地域特色、规模层次及市场需求的差异化、多元化利益共同体。促进产业在生产、加工、纺织及贸易等环节的深度融合与协同发展。近年来我国合作社已奠定其发展基础，但仍面临诸多挑战，如利益多元化、协同动力不足及高品质生产要素整合困难等，这些问题制约了合作社发挥其作为合作经济组织的独特优势。因此，制度创新、技术革新及机制优化十分重要，这将激发各参与方的积极性，破解高质量发展中的难题，推动合作社向更高质量发展。立足新疆棉花种植基地，依托"一带一路"倡议的有利条件，以改制为契机，集中各方优势资源，建立科研院所，实现产教融合，充分利用行业新优势，为高质量发展在科技、智力、政务服务等方面提供支持。

　　五要持续推进中高端品质原棉生产。中高端原棉质量是我国棉纺织产业转型升级和提升质量的关键，也是一个长期的战略举措。这一举措旨在解决我国原棉生产成本高、质量差的问题，确保质量与产量，并促进规模化生产发展。它也是我国从植棉大国向植棉强国转变的必由之路。也应扶持和提升中高端优质原棉区域品牌的影响力，建设高标准商业棉生产基地品牌，支持优质棉花品牌的创建，切实贯彻质量兴棉、环保兴棉、品牌强棉的政策。在国家领导下，应引导科研机构、行业协会、联盟及相关组织参与创建行动，探讨建立一体化"公商共建""共享"的订单生产模式，包括规模化种植基地、加工企业、棉纺织企业、期货公司和保险公司等，以在多市场主体协商议价机制上发挥作用。

在关键品种和关键技术上，一是培育高品质棉花（长、细、强）和早熟型骨干种质资源，选育优质、高产、早熟和抗病、抗虫的机采棉品种。二是鼓励棉花专业合作社、大型农场和兵团团场发展优质品种，实现规模化经营。三是开展轻简化、机械化、绿色化等方面的研究，特别是对残膜进行综合整治，实现化肥、农药的减量增效，并研究绿色栽培方式与核心工艺，以提高中高档原棉的产量和质量。

7.3.5　蔬菜和水果

1. 蔬菜

坚持市场导向，坚持质量兴菜，坚持绿色发展的原则，在蔬菜产业领域，坚持推进可持续发展路径。围绕乡村振兴战略这一核心，我们以蔬菜产业的供给侧结构性改革为主线，致力于实现高质量发展，着重促进产业结构的优化升级。通过调整当地蔬菜产业结构，提升蔬菜产品品质，强化市场竞争力，以及增加农民的经济收益，着重培育具有高品质特色的蔬菜品种，全力扶持市场参与主体，积极打造具有区域影响力的公共品牌，大力推进蔬菜产业的高水平转型与升级（张桂华，2018）。

一要开展生产能力优化与构建工作。着重强化产业、学术与研究的深度融合，精选出具备优良抗病性、抗逆性和高品质特性的作物品种，整合标准化的生产流程、环境友好的防控手段以及简化的栽培技术。同时着力培育具备文化素养、专业技能、经营管理能力以及示范引领作用的新型职业农民群体，专注蔬菜种植。通过强化集约型育苗技术的运用，促进蔬菜育苗朝商品化、专业化及产业化的道路迈进。

加快设施与装备的更新与升级，修正当前基础设施存在的薄弱环节，推动种植业与养殖业、农业与旅游业，农业机械化与农艺技术生产方式的融合进步。

二要加工优化处理。在确保产品质量与安全的基础上，充分利用现有资源与设施条件，引入新设备与先进工艺，旨在达成高效、优质、高产的目标。优化布局，注重鲜食品种的持续改良与发展，加大对加工专用品种的引进与推广力度；加强与国际发达国家的交流合作，汲取国外蔬菜加工领域的先进经验，推动我国蔬菜产业的稳健快速发展。吸引并培育蔬菜加工行业的领军企业，加快蔬菜从生产至加工再到销售的整合进程；依据国际质量标准对蔬菜加工行业进行规范，并应用信息技术、生物技术等前沿科技，进一步提升蔬菜加工的技术水平与质量标准（张桂华，2018）。

三要对生产和销售情况进行及时分析和判断，以指导生产和销售的正常进行。推动信息技术与各产业深度交融。积极促进农村电子商务的蓬勃发展，打造网络化农产品信息平台。加速构建农产品质量追溯体系，确保从产地至餐桌的每一环节均受严格监控，并引导"三品一标"认证向标准化迈进。促进订单直销、连锁配送及电子商务等现代流通模式的发展，并在农产品编码管理、包装仓储及冷链物流等多个维度广泛运用互联网技术。加强对农产品质量安全检测与追溯体系的建设，并率先在设施蔬菜和设施食用菌生产中推动建立高标准物联网应用示范基地。通过稳健的信息实时监控与预警机制，对产品的生产和销售情况进行即时分析评估，确保产销活动有序开展。

四要加大对市场参与者的培育力度。为提升政策和项目扶持效能，需要持续努力以争取各级政府及相关部门对蔬菜产业提供更多支持与引导。加大政策与工程层面的农业生产支持力度。推进农业产业化进程，加强社会化服务体系建设，构建并完善农民之间的利益联结机制，健全社会化服务体系建设。促进农产品"三品一标"认证，加强农产品的品牌建设，各地合力汇聚市场资源，积极推动农产品质量安全的生产。

五要管理监督产品质量及其潜在安全风险。加大对农产品的检测频次，以保障农产品质量的安全性。我们需要强化对投入品的管理，并严厉惩处非法生产和销售农药的行为；高度重视农产品中有害物质含量的检测工作，强化生产流程的标准化建设，并积极推广农业防治与绿色防控手段，将其与化学防治方法相结合；加强对企业资质的审批，确保企业负责人对生产场所进行详尽注册与检查，保障质量安全；加强法律执行，严厉打击制造与销售伪劣农药，遏制伪劣农药流入市场，应严格遵守施用农药相关规定并定期开展农药残留检测，加强宣传与教育力度以保障民众能够安全食用蔬菜。

2. 水果

调整区域布局，优化品种结构，实施品牌战略；加强高品质果园的建设需要对投入品实施严格的监管，并推广标准化生产流程；创新营销手段，推进多种业态并存；提高水果深加工水平，整合产业链、供应链及价值链，促进水果产业一、二、三产业的协同发展。

一要调整优化区域布局和品种结构。针对落后产能果园区域，加速淘汰效率低下园区。促进优势区域的产业集聚度提升，并加快推进品种迭代及构成优化，强化果树栽培管理，以增强果品质量及市场竞争力。在推进特色水果产品发展时，警惕市场导向下的无序扩张及产业同质化现象。

二要以品质为导向。为确保所生产的各类水果产品均符合无害化要求，需要进一步强化高标准果园的构建，并对所有投入物进行严格管控，全面推进标准化生产作业，构建完备的水果质量安全追溯体系（农业部信息中心课题组，2018）。在条件允许的情况下倡导栽培绿色果品，依据消费者需求持续调整优化品种结构，着力推动优势区域与特色优势区域深化品牌建设，塑造一系列品质高、口碑优良且竞争力强的品牌。推动水果品牌化。未来人们在购买水果时将注重品牌化，品牌化是水果产业的最大机遇。在产品层面，品牌象征着高附加值的产品；在物流层面，品牌标志代表着可靠的产品来源；消费者视角下，品牌则关联着高品质、安全性、健康以及优越的生活方式。构建知名果品公司/产品品牌，在特定品类、品种、市场领域内占据一席之地，将有助于整个产业链的增值。

水果深度加工处理。我国水果用于深度加工的比例与人均果汁消费量与发达国家相比存在较大差距，我国在果汁消费增长领域拥有巨大的潜力。水果深度加工正逐渐转变为应对消费者需求持续升级及缓解水果销售困境的关键策略。随着水果深加工行业的蓬勃发展，对水果原料的需求亦呈现出显著增长的态势。寻找优质的水果原料，将成为很多企业最为关注的焦点。

三要致力于提升各生产要素的产出效率。积极推动农药与化肥使用量零增长的政策落地，加速推行土壤测试基础上的精准施肥，采用低毒低残留的绿色防控手段，推广节水灌溉技术。推进果园机械化技术的研发与推广工作，促进其在劳动密集型环节取得进展，并提升果园管理的机械化与智能化水平（农业部信息中心课题组，2018），构建智能果园体系，优化资源配置与利用，全面提升生产效率。

四要优化产业结构，强化果品流通网络体系，加速产品市场现代化改造与升级。积极推动水果产业向产业化方向发展，加快果品流通的信息化步伐，提升市场信息的透明度与交易效率，以保障果品流通渠道的顺畅、价格的稳定以及质量的可靠。为推动水果产业一、二、三产业的全面发展，我们需要对全产业链深度整合。并加强商品化处理及冷链物流体系的建设，加速推广应用拍卖、电子结算等新型交易模式，推动水果电子商务的蓬勃发展。进一步系统性建设原料加工基地，并运用前沿技术与先进加工设施，促进水果加工行业的转型与升级，提升加工产品竞争力（农业部信息中心课题组，2018）。加大对水果生产标准化示范区域的建设力度，以市场信息、产品推介、农业信息咨询及技术普及为核心，致力于促进行业的持续进步，积极推动水果生产服务业的发展，全面提升我国水果产业的综合实力。充分利用互联网与信息技术的优势资源，加速推进水果单一品种全产业链大数据的发展与深度应用，全面提升水果产业的信息化与智能化水平（农业部信息中心课题组，2018）。推动各类业态协同发展，在维持传统大宗交易与农产品市场的基础上，水果的分销渠道朝着多元化方向推进。

五要提升产品出口量，将水果作为农业全球化战略中的核心与关键品种，加强水果出口基地构建，优化贸易磋商流程，致力于消除技术性壁垒。此外，积极鼓励并支持企业申请国际权威认证，踊跃参与国际知名展会活动（农业部信息中心课题组，2018），以提升产品在国际市场上的竞争力，尤其要把握"一带一路"倡议的发展机遇，根据目标国家消费者的需求和偏好，积极扩大出口，最大化提升国际竞争力。

7.3.6　种养加一体化

一要构建多方主体之间的利益联结机制，形成稳定共赢格局。发展并创新"合作社＋养殖场＋农户"的经营模式，完善公司与农民之间的利益分配机制，通过订单生产、合同养殖、品牌运营、统一销售等手段，延长产业链，实现生产与销售的有机结合。

二要促进种养加一体化产业融合。以农户专业合作组织为基础，以龙头企业为支撑，以特定农业品种为核心，进行种植、加工等环节的整合。在产业链的水平方向上，延伸至两端，整合上下游资源禀赋，协同创造价值，推动产业价值链的持续优化升级。在纵向层面，着重于全方位服务，统一技能培训标准与强化质量监管体系（李莎莎等，2018）。

三要对种养区域进行合理布局。根据土地承载能力，合理选择种植规模和饲养规模，推动与当地生态环境相契合的适度规模规范化牧草基地项目。该项目旨在补充饲养用粮的短缺，同时实现畜禽粪便的现场消化处理，促进农业与畜牧业的良性循环。

第 **8** 章

政策建议

农业农村现代化生产体系建设面临的最突出问题为生产效益低，导致农民或新型经营组织较少，需要通过加大投入、变革技术等途径来提升农产品质量。同时，相关法律法规的不健全导致农产品市场环境较为复杂，质量低劣的农产品仍然能凭定价低的优势在市场竞争中占据一定位置，导致"劣币驱逐良币"现象出现，阻碍了高品质农产品市场的健康发展。未来须从完善法律法规、推动科技创新、促进人才培育、创新经营方式等方面保障农业农村现代化生产体系建设的高质量发展和可持续发展。

8.1 生产功能

1. 完善农业法律法规，保障农业农村现代化生产体系建设

第一，完善农业农村现代化生产体系建设的法律法规体系。强化立法与改革的衔接，完善市场流通、质量监督、农业投入等领域的法律法规，从法律层面保障农业农村现代化生产体系建设所需要的良好外部环境。加强配套法规规章制度的修订，使上位法律法规能够有效落地。

第二，健全执法体系，加大执法力度。推动综合执法机构统一行使农业农村部门行政执法职能，加大跨地区、跨部门执法协调力度，坚持处罚与教育相结合。

2. 加速农业科技创新，驱动农业农村现代化生产体系建设

第一，鼓励提质增效的科技创新。推动建立全国农业科技创新体

系，并为农业农村现代化生产体系的建设提供技术保障。推进种业领域的重大自主创新项目的开展、深化主要农作物优质品种的协同研发、鼓励农业机械自主研发等领域的科技创新，从源头去驱动农业农村现代化生产体系建设，促进农业生产体系的转型升级。

第二，加速农业科技成果转化。以市场需求为导向，推进产学研深度融合，加强科研院所与企业联合攻关，搭建农业科技成果转化平台，鼓励技术研究与生产在实践上的紧密结合。

第三，改革农业技术推广体系。加强基层农业技术推广机构的建设，将县以下基层农技推广机构的管理权收归县农业主管部门所有；改革农业技术推广人事制度，调动农技推广人员积极性；加大农技推广经费投入，鼓励企业等社会力量进入农技推广领域，推动农业技术推广体系的改革发展。

3. 推进农业人才培育，建设服务农业农村现代化生产体系

第一，加大农业人才培训力度。落实农业人才培育工程，实施农业人才培育计划，持续探索并优化创新型人才培训体系，为政府部门及农民提供专业支撑。在此过程中，农业合作社、专业技术协会以及行业领军企业等多种组织积极参与其中，通过培训和激励措施的作用，带动人才发展。鼓励农民进入中高等职业学校接受农业职业教育，培养更多会种地、善经营、懂管理的农业乡土人才，让他们成为推动农业农村现代化生产体系建设的"排头兵"。

第二，鼓励社会各类人才在农业农村现代化生产体系建设领域开展创业、发展创新。我们已推行一系列扶持性政策措施，涵盖融资支持、基础设施配套补助、税收优惠以及土地资源配置等多个方面，持

续鼓励大学生、企业家、技能人才、科研人员等社会各类人才投身农业农村现代化生产体系建设，有效扩充农业农村现代化生产体系建设的人力资源。

4. 优化农业经营规模，促进农业农村现代化生产体系建设

第一，发展多种形式的适度规模经营。基于明确的权责划分、多样化的运作形式、严谨的管理架构及顺畅的流转准则，各地区设立土地承包经营权交易的市场化平台，制定财政、税收和金融优惠政策，鼓励土地股份合作、农业社会化服务等适合当地实际情况的适度规模经营创新试点。

第二，加快建立适度规模经营监管与服务机构。在县、乡、村设立三级适度规模经营监管机构，构建适宜规模的经营监管与服务体系，确保村级层面设立服务站，乡级层面设立流转服务中心，县级层面则设立交易市场，以实现全面覆盖。并提供一系列多元服务，包括信息发布、合同签订指导、政策咨询建议以及价格评估等服务，以满足不同需求。建立覆盖土地流转全过程的监管机制，健全土地流转合同备案审核制度，对土地流转合同履行情况进行监督管理（农业部经管司和经管总站研究组，2013）。

第三，引导财政补贴向进行现代化生产体系转型的新型经营主体倾斜。调整对财政补贴对象和补贴方式的改革，促进存量财政补贴资金和增量财政补贴资金向新型经营主体倾斜，补贴导向从增产转向提质，补贴方式由按面积补贴向按产品质量补贴过渡，激励新型经营主体实现品牌化、标准化生产和高质量、可持续发展。

8.2 生态功能

1. 强化科技支撑，实施创新驱动

当前，我国科技日益发达，但生产面源污染严重，今后应更加注重运用科学技术解决问题、应对挑战。应该进一步完善现有研发体制，加大对农业农村现代化生产体系建设过程中相关技术的研发支持力度，通过财力支持、技术转化、应用推广等多方面支持，全面加强科学技术在改善生态环境方面的应用。应重点支持农业农村现代化生产体系建设过程中针对污染治理问题的研究，大力支持新型农药、肥料的研发，大力支持农膜技术的研发，推动新型产品的科学使用，从农业农村现代化生产体系建设的源头控制污染产生，从根源上提升生态效益。持续深化农业绿色发展先行区创建，实施新型农业经营主体相关行动，强化对项目资金的扶持，改善生产设施条件，促进"五节一循环"绿色发展模式的有效推进。

2. 加大财政投入，拓展补偿方式

按照财权事权对等的原则，通过财政投入和多渠道补偿等方式积极推动农业农村现代化生态功能建设。一方面，在评估当前农业农村现代化生产体系建设过程中面源污染程度的基础上，加大公共财政的投入，并将投入重点放到基础研究、关键技术解决和技术示范推广等方面。另一方面，在财政投入的基础上，按照谁受益谁补偿的原则，重视市场在农业农村生态功能开发方面的作用，并开拓

多种市场补偿渠道。

3. 发展新型业态，建立循环机制

农业农村生态功能的保护和开发应通过多种渠道实现共赢。一方面，应根据"宜粮则粮、宜经则经、宜牧则牧、宜渔则渔、宜林则林"的原则，践行绿水青山就是金山银山的理念，遵循农业发展规律，因地制宜发展当地农业，不断拓展农业的多重功能，发挥农业价值，积极推进种养循环生态产业链的构建，打造种植业与养殖业紧密结合的农业经济新模式，在农业内部形成有效的循环机制。另一方面，大力发展乡村旅游、休闲农业、文化教育、健康养老等农村新产业新业态，不断促进农村产业发展，通过产业的发展提升种植业的生态价值。同时，积极推动农村一二三产业融合发展，通过建立紧密的联结机制，用农业农村的生态功能开发来保障和支持第三产业发展，并用第三产业的发展反向保护和提升农业农村的生态功能和价值。

4. 发挥多功能性，提升综合价值

要充分认识农业的多功能性，在发挥农业生态系统的农产品供给功能的同时，充分认识到农业在气候调节、营养循环、水源涵养、土壤保持、景观提供等多功能性，将农业由"生产型"向"服务型"转型，既要肩挑为人们提供农副产品的重任，又要满足人们的生态需求。要加强耕地保护、稳定农业耕地面积，发挥农业的生态功能，也要积极创建农业生态补偿机制，保障农业多重功能的实现，在农业多功能开发的基础上，不断挖掘农业的生态价值、科研价值、审美价值、娱乐价值、文化价值等，提升农业的综合价值。

8.3 文化功能

1. 深入发掘，加强传承保护

一是继续推动我国农业文化资源普查工作开展，深入挖掘各地农业文化资源，采集农业文化资源基本信息数据，建立和完善农业文化资源数据库。鼓励地方进行特色农业文化遗产资源申报和认定，保护我国重要农业文化遗产，积极促进全球重要农业文化遗产项目开发。

二是强化对农业文化资源开发利用的监测，将传承保护放在首位。积极推动农业文化资源相关的保护政策的出台，促进农业文化资源保护规范化发展，逐步建立对农业文化资源传承保护的评估体系，对农业文化资源的传承保护进行评估，及时发现问题，防止出现毁灭性破坏。

2. 科技支撑，创新发展能力提升

一是依靠现代农业科学技术，开展农业文化资源研究，深入挖掘传统农业文化所蕴含的科学理念，为农业农村发展提供传统智慧。

二是运用现代高新技术手段开展对活态的传统农业生产系统的研究，揭示传统农业生产系统、微观生态系统等的内在运行规律，为农业的绿色化、优质化、特色化、品牌化发展提供新思路。

3. 文旅结合，助推产业融合发展

一是支持和鼓励农业文化资源丰富的地区结合当地特色农业景观

与文化资源，开发农业文化旅游项目，延长农业产业链，增加产业附加值，提高农民收入（王铁梅，2023）。

二是创新利用农业文化资源，助力农业一二三产业融合发展。从融合发展理念上，树立农业绿色融合发展价值观；从融合发展结合点上，发现当地特色产业之间的内在文化联系；从融合发展方式上，提供传统农业多种经营结合方式的经验借鉴。

三是开发农业文化产品，培育新业态、新模式。依托农业文化资源，结合各地特色产业，因地制宜开发农业文化产品，培育满足城乡居民精神需求的新业态、新模式。

参考文献

［1］陈鸿，陈娟．我国蔬菜产业现状分析与发展对策［J］．长江蔬菜，2018（2）：81-84．

［2］丁声俊．站在新时代高度认识农业粮食高质量发展［J］．价格理论与实践，2018（1）：5-9．

［3］杜经纬，谭光万，王秀东．休闲农业与乡村旅游发展对城乡居民消费的影响研究［J］．中国农业资源与区划，2024，45（9）：187-195．

［4］范刚．云南天然橡胶产业发展的新途径［J］．农村经济与科技，2018，29（22）：157-159，162．

［5］韩长赋．构建三大体系推进农业现代化［N］．人民日报，2016-05-18（015）．

［6］韩昕儒，王秀东，王济民，等．新时期种植业保障我国食物安全战略研究［J］．中国工程科学，2024，26（2）：92-102．

［7］贺斌，胡茂川．广东省各区县农业面源污染负荷估算及特征分析［J］．生态环境学报，2022，31（4）：771-776．

［8］黄国锋，贺斌，谢志宜，等．广东省农业源污染对水环境的影响及其空间分异格局［J］．生态环境学报，2023，32（12）：2207-2215．

［9］黄国勤，Patrick E. McCullough．美国农业生态学发展综述［J］．生态学报，2013，33（18）：5449-5457．

［10］姜丽，于洋．循环经济理论下梧州骑楼建筑的适应性再利用研究［J］．梧州学院学报，2018，28（6）：55-61．

[11] 冷智花，付畅俭．城镇化失衡发展对粮食安全的影响［J］．经济学家，2014（11）：58－65．

[12] 李国祥．2020年中国粮食生产能力及其国家粮食安全保障程度分析［J］．中国农村经济，2014（5）：4－12．

[13] 李浩鑫．贵州省市域农业生态系统健康水平的时空演变研究［D］．贵阳：贵州大学，2021．

[14] 李莎莎，朱一鸣，李先德．推进种养加一体化发展的分析及思考［J］．农业经济，2018（7）：6－8．

[15] 李雪源，郑巨云，王俊铎，等．精准把握和推动我国棉花产业高质量发展［C］//中国农学会棉花分会．中国农学会棉花分会2018年年会论文汇编．新疆农业科学院经济作物研究所，2018：7．

[16] 李彦娥，王化齐，刘江，等．西北地区生态系统碳汇时空分布特征及相关驱动因子分析［J］．西北地质，2023，56（4）：185－195．

[17] 林祥金．世界生态农业的发展趋势［J］．中国农村经济，2003（7）：76－80．

[18] 刘会军．推进新疆城乡融合发展问题的思考与对策［N］．中国建设报，2018－07－05（001）．

[19] 刘培磊，张昭，王海峰，等．推动农业科技自立自强的机制创新［J］．农业农村部管理干部学院学报，2021（1）：7－12．

[20] 刘喜波，张雯，侯立白．现代农业发展的理论体系综述［J］．生态经济，2011（8）：98－102．

[21] 刘馨蔚．绿色优质农产品消费市场大［J］．中国对外贸易，2021（8）：52－53．

[22] 刘兴，王启云．新时期我国生态农业模式发展研究［J］．经济地理，2009，29（8）：1380－1384．

[23] 刘旭, 李文华, 赵春江, 等. 面向2050年我国现代智慧生态农业发展战略研究 [J]. 中国工程科学, 2022, 24 (1): 38 – 45.

[24] 刘旭, 王济民, 王秀东, 等. 粮食作物产业的可持续发展战略研究 [J]. 中国工程科学, 2016, 18 (1): 22 – 33.

[25] 马秋颖, 王智, 徐道清, 等. 玉米秸秆收贮高效资源化利用模式分析 [J]. 作物学报, 2017, 43 (8): 1190 – 1195.

[26] 马世骏. 中国的农业生态工程 [M]. 北京: 科学出版社, 1987.

[27] 农业部经管司, 经管总站研究组. 构建新型农业经营体系稳步推进适度规模经营——"中国农村经营体制机制改革创新问题"之一 [J]. 毛泽东邓小平理论研究, 2013 (6): 38 – 45, 91.

[28] 农业部信息中心课题组. 水果产业只有提高品质才能走出困境 [J]. 农村工作通讯, 2018 (5): 55 – 56.

[29] 祁栋灵, 王秀全, 张志扬, 等. 中国天然橡胶产业现状及其发展建议 [J]. 热带农业科学, 2013, 33 (2): 79 – 87.

[30] 丘雯文, 钟涨宝, 原春辉, 等. 中国农业面源污染排放的空间差异及其动态演变 [J]. 中国农业大学学报, 2018, 23 (1): 152 – 163.

[31] 施郑言. 装点此关山今朝更好看——深刻理解"必须把推进中国式现代化作为最大的政治" [J]. 思想政治工作研究, 2024 (2): 22 – 25.

[32] 谭光万, 王秀东, 王济民, 等. 新形势下国家食物安全战略研究 [J]. 中国工程科学, 2023, 25 (4): 1 – 13.

[33] 王宝义. 中国农业生态化发展的评价分析与对策选择 [D]. 泰安: 山东农业大学, 2018.

[34] 王金会. 农业高质量发展要打好"十张牌" [J]. 农村工作通讯, 2018 (2): 19 – 20.

[35] 王铁梅.六堡茶农业文化的挖掘及助推茶产业提升路径探析 [J].桂学研究,2023 (1):250-258.

[36] 王娟娟.我国蔬菜施肥现状调查研究 [J].中国农技推广,2026,32 (6):11-13.

[37] 王晓龙,王晓燕,米福贵.浅谈畜牧业饲草料发展存在的问题及建议 [J].草原与草业,2018,30 (2):4-7.

[38] 王秀东.新时代我国农业农村优先发展逻辑与路径思考 [J].河北农业大学学报(社会科学版),2022,24 (6):97-101.

[39] 王秀东.以乡村振兴为抓手深入实施区域协调发展战略 [J].红旗文稿,2023 (10):45-48.

[40] 王衍亮.中国农业循环经济发展现状与对策措施 [J].中国经贸导刊,2015 (1):40-42.

[41] 王永春,李静,王秀东.新中国成立以来我国粮食生产变动规律研究及趋势展望 [J].中国农业科技导报,2021,23 (1):1-11.

[42] 辛翔飞,王秀东,王济民.新时代下的中国粮食安全:意义、挑战和对策 [J].中国农业资源与区划,2021,42 (3):76-84.

[43] 徐峰.潍坊市滨海开发区农业循环经济发展路径研究 [D].青岛:中国海洋大学,2012.

[44] 徐海亚,朱会义.基于自然地理分区的1990—2010年中国粮食生产格局变化 [J].地理学报,2015,70 (4):582-590.

[45] 闫琰,梅旭荣,王秀东.科技创新引领现代化农业体系建设的战略思考 [J].中国科学院院刊,2024,39 (7):1217-1225.

[46] 闫琰,王东阳,王济民,等.国际化绿色化背景下国家区域食物安全可持续发展战略研究 [J].中国工程科学,2019,21 (5):10-18.

[47] 闫琰,王秀东,王济民,等."双循环"背景下国家粮食安全

战略研究 [J]. 中国工程科学, 2023, 25 (4): 14-25.

[48] 闫琰. "四化同步" 背景下的我国粮食安全研究 [D]. 北京: 中国农业科学院, 2014.

[49] 杨滨键, 尚杰, 于法稳. 农业面源污染防治的难点、问题及对策 [J]. 中国生态农业学报, 2019, 27 (2): 236-245.

[50] 杨林章, 冯彦房, 施卫明, 等. 我国农业面源污染治理技术研究进展 [J]. 中国生态农业学报, 2013, 21 (1): 96-101.

[51] 姚锡长. 国际比较视野中的生态文明建设研究 [J]. 中国商论, 2017 (28): 150-153.

[52] 叶露, 李玉萍, 刘燕群, 等. 天然橡胶产业发展现状与对策分析 [J]. 广东农业科学, 2014, 41 (4): 68-73.

[53] 尹成杰. 关于提高粮食综合生产能力的思考 [J]. 农业经济问题, 2005 (1): 5-10, 79.

[54] 余晶晶. 我国中部地区绿色食品产业发展的省际性差异分析 [D]. 合肥: 安徽农业大学, 2016.

[55] 虞洪. 城乡一体化发展背景下四川 "三农" 科技供需新特征及其耦合机制建构 [J]. 农村经济, 2017 (2): 100-103.

[56] 曾桂芳, 刘士惠, 徐艳丽. 博乐地区农田残膜污染调查及治理措施 [J]. 农村科技, 2013 (6): 20-21.

[57] 翟桂玉. 饲草料产业体系构建的瓶颈与突破 [J]. 山东畜牧兽医, 2019, 40 (7): 65-67.

[58] 张灿强, 张恒儒. 家庭农场开展种养循环与畜禽粪污治理社会化服务的实践与启示——基于一个家庭农场的调研 [J]. 环境生态学, 2020, 2 (8): 39-42.

[59] 张琛, 彭超, 孔祥智. 农户分化的演化逻辑、历史演变与未来

展望 [J]. 改革, 2019 (2): 5-16.

[60] 张桂华. 推进全省蔬菜产业高质量发展的思考 [N]. 湖北日报, 2018-10-18 (006).

[61] 张洪潮, 王丹. 新型城镇化、产业结构调整与农村劳动力"再就业" [J]. 中国软科学, 2016 (6): 136-142.

[62] 张棋, 郑水明, 叶雪珠, 等. 浙江省生态循环农业发展实践模式和对策 [J]. 安徽农业科学, 2011, 39 (8): 4900-4901, 4904.

[63] 周平. 让农业文化遗产"活起来" [J]. 农产品市场, 2021 (23): 1.

[64] 朱志平, 王思明. 价值挖掘与路径选择: 长三角地区农业文化遗产传承与利用研究 [J]. 中国农史, 2021, 40 (6): 134-146.

[65] Adu J T, Kumarasamy M V. Assessing Non-Point Source Polution Models: A Review [J]. Polish Journal of Environmental Studies, 2018, 27 (5): 1913-1922.

[66] Au C C, Henderson J V. Are Chinese Cities Too Small? [J]. The Review of Economic Studies, 2006, 73 (3): 549-576.

[67] Jin G, Li Z H, Deng X Z, et al. An Analysis of Spatiotemporal Paterns in Chinese Agricultural Productivity Between 2004 and 2014 [J]. Ecological Indicators, 2019 (105): 591-600.

[68] Rudra R P, Mekonnen B A, Shukla R, et al. Currents Status, Challenges, and Future Directions in Identifying Critical Source Areas for Non-Point Source Pollution in Canadian Conditions [J]. Agriculture, 2020, 10 (10): 468.

[69] Yang H, Li X B. Cultivated Land and Food Supply in China [J]. Land Use Policy, 2000, 17 (2): 73-88.